第4版

陪孩子走过小学六年

爱在自由里

刘称莲 著

北京联合出版公司
Beijing United Publishing Co.,Ltd.

图书在版编目（CIP）数据

陪孩子走过小学六年 / 刘称莲著. -- 4 版. -- 北京：北京联合出版公司, 2025. 8. -- ISBN 978-7-5596-7772-3

Ⅰ . G78

中国国家版本馆CIP数据核字第2024SS0222号

陪孩子走过小学六年（第 4 版）

作　　者：刘称莲
出 品 人：赵红仕
选题策划：先后出版
策划编辑：朱　笛
责任编辑：肖　桓
特约编辑：李慧佳
封面绘图：Dola Sun
装帧设计：熊　琼

北京联合出版公司出版
（北京市西城区德外大街83号楼9层　100088）
嘉业印刷（天津）有限公司印刷　　新华书店经销
字数190千字　　880毫米×1230毫米　　1/32　　10印张
2025年8月第1版　　2025年8月第1次印刷
ISBN 978-7-5596-7772-3
定价：49.80元

版权所有，侵权必究
未经书面许可，不得以任何方式转载、复制、翻印本书部分或全部内容。
本书若有质量问题，请与本公司图书销售中心联系调换。电话：010 - 64936383

目 录

序 009

推荐序一 013

推荐序二
陪伴是最好的爱 015

推荐序三
看不见的"用心" 019

推荐序四
在"卷"的时代，寻一份"不卷"的教育智慧 022

阅读导航 028

01

生
活

**越玩
越出
色**

玩物并不一定丧志。在玩的过程中，
孩子轻轻松松学到了课堂上不可能学到的知识。
其实在家里我们更应该给孩子一个研究性的环境，
还孩子一片更广阔的天地，让孩子在体验和实践中学习，
而不是让孩子回到家后依然只抱着课本和练习册。

我家的"游戏时间"和"家庭日"　002
大自然是本无字的书　008
特别的体验，特别的收获　013
养殖与种植：体验生命的神奇　018
一个月才完成的拼图　023
从小运动好处多　028
呼朋唤友好人缘　033

02

阅读

泡在书海里

父母为孩子创造阅读的氛围,孩子就可能喜欢上阅读;
父母为孩子创造看电视的氛围,孩子就可能喜欢看电视。
对于阅读,家长要做的就是:
"有书读",就是家里要有适合孩子阅读的书;
"读到书",就是要让孩子能够接触到书。

为孩子营造阅读的氛围 040

书店是我家的"第二书房" 045

有书读,还要让孩子读到书 049

挑选适合孩子阅读的书 054

报纸杂志,鲜活的知识 059

被翻烂的"百科全书" 064

穷人家的孩子也能有书读 069

妈妈的"下水"作文 076

03 学习

学习是一颗糖

小学生喜欢学习的前提，
就是热爱学校、热爱老师、热爱同学并对学习充满兴趣。
只有这样，他才会对学习充满热情并不断地进步成长。
没有必要刻意在孩子的学习上花太多的心思，
而是想办法让孩子爱上学校、爱上学习。

择校，是因为伤不起　084

耐心等一等初入学的孩子　091

呵护和满足孩子的好奇心　096

不断激励，成就孩子的自信　101

好心情是喜欢上学的"吸铁石"　106

学习习惯的培养要趁早　111

语文学习的好方法——阅读与写作　115

引领孩子进入英语世界　120

警惕孩子偏科　126

应对错题有妙招　131

课外班的选择要考虑孩子的实际情况　136

小升初，总有一款适合你　142

04

品格

我们要彼此听话

父母想要孩子长成一个负责任的人,
就要趁早给孩子学习的机会,并尽其所能教给孩子,
以防孩子将来变成"啃老族"和"白眼狼"。
孩子终究要离开父母独立生活,独立生活是需要生活技能的,
而这些生活技能不可能在学校里学到,只能在家庭生活中习得。

兄弟姐妹,要"共赢"不要"输赢" 150

孝敬父母,从大人做起 159

培养孩子的责任心 164

不随便丢弃东西的小女孩 170

做,方知生活百味 175

当女儿乱花钱之后 180

小心呵护孩子珍爱生命的心 186

比成绩更重要的是收获 191

05

心理

让天使自己飞翔

如今的孩子同样有非常大的能量，
他们完全可以照顾好自己。
他们并不比我们脆弱，而是我们比我们的父母脆弱。
高年级孩子的家长，
应该从过去指导者的角色变为陪伴者和引导者。
要允许孩子以自己的方式长大。

适当放手，让孩子自己长大　198

给孩子选择的权利和机会　203

亲子沟通需要心的交流　207

当孩子"闹情绪"的时候　212

清晨等在门口的小男孩　218

科学引导，健康上网　224

走近青春期，由指导变陪伴　231

06

沟通

换个方式表达爱

在亲子关系里，
父母和孩子沟通无论采用什么样的方式，
重要的都不是形式，而是最终的效果。
孩子的进步似乎是自然而然且无可阻挡的一个过程，
家长只要用全心的爱去陪伴，
并静静地等待和欣赏就已足够。

我家的"邮筒"和"BBS"　236

爸爸表达爱的独特方式　241

"契约约束"很有必要　247

不做书桌上的"直升机父母"　252

收藏孩子成长的足迹　256

教师节给老师送礼　261

张老师颁发的小奖品　267

现代版"孟母三迁"　272

后记

自然而然的养育　279

序

《陪孩子走过高中三年》是"陪伴教育"系列图书中的第一本,出版以后受到了全国家长朋友的欢迎,很多学校的校长和老师看了书以后,也推荐家长团购。最让我欣慰的是,家长朋友们给了我这样的反馈:"看了刘老师的书以后觉得不再焦虑。"是啊,焦虑多了,就掩盖了我们陪伴孩子成长的幸福。

后来受诸多家长朋友和出版社的力邀,我又先后出版了《陪孩子走过小学六年》和《陪孩子走过初中三年》。令人意想不到的是,三本书都很受读者喜爱。用编辑小朱的话说:"出一本畅销书容易,出一本就畅销一本就不容易了。"

看到自己写的书畅销,又可以一版再版,我多想把这样的好消息分享给我的爸爸妈妈,可惜他们已经离世。

我的妈妈和爸爸分别于2010年和2012年去世。妈妈离开的时候，《陪孩子走过高中三年》正准备动笔。我没有告诉她我要写书，目不识丁的妈妈一定不会想到她的闺女会出书。2012年春天，爸爸去世前3天，我回去看他，拿着我写的第一本书《陪孩子走过高中三年》。那时候爸爸因为身体衰竭，视力已经非常不好，他翻着我递给他的书问我："闺女，写书能够当饭吃吗？"我告诉他我可以一边做别的工作一边写书，他好像才放心了一些。爸爸到最后也没有看我书里写的是什么内容。

出书以来，来自全国各地的成千上万的朋友和我联系，我变得异常忙碌。我经常要回答来自邮箱、微博、微信上的提问，要接受来访者的咨询，并受邀奔波在全国各地传播家庭教育的正确理念和我的实践经验。为了可以更好地帮助到大家，我每年也花大量的时间读书、听课，通过不断学习来充实自己。经过这些年，我个人变得越来越清明，专业也越来越精进。可以说，写《陪孩子走过高中三年》的时候，我更多是从一个妈妈的角度分享自己的故事，如今的我则真正变成了一个家庭教育工作者和助人者。

我家兄弟姐妹6个，我在家里排行最小，获得了父母的万千宠爱，也是父母倾力供读大学的唯一的孩子。爸爸去世后，在他的葬礼上，村里一位远房的叔叔告诉我："你妈说你小时候念书的时候，她和你爸每年养一头牛供你，把你供得出息了，到头来也沾不上你的光。"

是啊，父母最需要我的那些年，因为远在千里之外的京城忙碌，我难有大把的时间陪在父母身边尽孝。每次匆匆回去几日，好像也并不能踏实地全心陪伴。每每想起来，内心都有深深的内疚和歉意。如今，我想父母该明白他们辛辛苦苦供养出来的、最疼爱的小女儿，那个当年毅然决然丢掉稳定的工作甘愿漂泊的小女儿，那个被他们称作"不忠不孝"的女儿，她的人生使命不仅仅是承欢父母膝下，让他们享受天伦之乐，更要为营造中国广大家庭和谐的教育环境而贡献力量。

女儿的寸草之心永远也报不了父母三春晖般的养育之恩了，也许女儿带着从他们那里继承来的勤奋、善良和谦卑等品格，写出来的这三本著作，可以告慰他们的在天之灵。

感恩我的女儿李若辰，她让我重新体验了一次生命，也让我懂得了什么是爱与可爱；感恩我的先生李岩一路的陪伴，他对我这三本著作的欣赏给了我莫大的支持；感谢编辑朱笛，正是她的邀请和努力推广，才有了这三本书的面世和传播；感谢文字、美术、印刷等各位编排朋友，正是你们才使得这几本书以如此美的面目展示在读者面前；感谢出版社的市场和销售朋友们，没有你们，再好的书也不得为人所知；感谢广大读者朋友的肯定、认可和购买，你们才是我工作前行的动力。感恩生命中给予我指导的老师们，感恩今生所有的相遇！

刘称莲

推荐序一

如何培养出健康、幸福、成功的孩子是家庭最艰巨的挑战之一。若能如愿，家庭成员会获得极大的满足感。

随着时代的发展，养育的情境发生了巨大变化，养育孩子变得更加困难。幸运的是，我们可以从称莲这里获得帮助。

称莲是我多年的学生，她是一位非常有爱的妈妈、老师和朋友。她对人的心理有敏锐的洞察，对家庭动态也有深刻的理解。称莲把自己这些美好的智慧融入了"陪伴教育"系列三本书里，提供了很多实用又明智的方法，以帮助父母们更加有效地陪伴孩子长大。

作为家长，我们首先要让自己做到情绪稳定，内外和谐，才能和他人建立良性的关系，从而教导我们的孩子成为人格健全的人。

称莲跟随我学习的萨提亚模式，在"我是谁"和"我做了什么"之间做了很明确的区分。例如，母亲对儿子说："我爱你，但我不喜欢也不接受你正在做的事情，我们可以一起来改变你的行为。"这样我们就把孩子这个人跟他所做的事区分开了——我们尊重孩子这个人，纠正的是他的行为。称莲在她的书里也写了类似的故事，对家长们很有启发。

如果你正被孩子的心理问题、健康问题、学业问题、人际关系问题所困扰，"陪伴教育"系列就是为你准备的。如果你有兴趣建设健康、幸福、成功的家庭关系，这三本书也非常适合你。

我感谢称莲的宝贵贡献，并祝愿每一位父母在建立和谐的家庭方面取得圆满成功，从而创造一个幸福的社会。

贝曼博士

推荐序二 陪伴是最好的爱

非常幸运地读到《陪孩子走过小学六年》。我一直认为，每个孩子来到我们身边，都是上天赐给我们的最好礼物。但为人父母本能的爱很难有统一标准。我早已发现，与孩子们生活在一起，将他们养育成人，是一个极富挑战性、极易让人筋疲力尽的过程，仅仅有爱心是远远不够的。单就爱孩子的一颗心来说，所有母亲都是好母亲。与孩子共同成长，则更需要智慧和耐力，并且需要具有阳光、开放的心态。

什么才是跨越代沟、进入孩子心灵世界的钥匙？怎样才能与孩子亲密无间地沟通与交流？书中的这位母亲，以她的亲身经历详细列举诸多真实事例，描绘朴实自然的生活原景，留给人们启迪和进一步探讨的空间。从经历了普通幼儿园的失败、选择北大幼儿园，到孩子上小学时权衡利弊，选择了优秀的清华附小，她认为宽松而高素质的学校，不仅能传播知识，还会尊重孩子的个性发展。作为母亲，她深知孩子生活圈的重要，为了让孩子有一个健康的成长环境，不辞辛苦地"孟母三迁"，租房也要把家安在清华大学，让孩子从小就耳濡目染；为了让孩子终身有一个良好的阅读习惯，一家人常常把书店作为休闲交流的地方，有意选择视角不同的书籍共同探讨，激发孩子的想象力和判断力，再辅以家长的见解，寓教于乐；在写作培养上，妈妈甚至写"下水"作文；在培养孩子的耐心时，他们身体力行，陪孩子一起玩拼图，让孩子从中体会"输得起"的人生态度……这一桩桩事例，无不体现为人父母的出发点，都是基于有利孩子成长来考量的。

  作者的实践，让我们看到优秀的孩子之所以让老师省心，是因为父母在细节上注重孩子的优良品格培养。在女儿的成长过程中，他们非常注重孩子的情商教育和素质教育，在应试教育体制下，他们依然能一直心无旁骛地坚持素质教育，最终使女儿顺利考取了北京大学。这一案例印证了素质教育与应试教育并非必然对立与矛盾。这一点，很值得广大教师与家长认真研读与思索。不仅如此，在孩子成长的过程中，与很多家庭不同，作者意识到孩子的成长需要全部家庭成员参与，默契合作。其中，爸爸在孩子的成长过程中有着不可替代的作用。

作者的实践让我们看到，在父母言传身教和默默的陪伴下，孩子良好的学习习惯的培养会延续，会拓展，会伴随孩子从初中、高中到大学，最终走向社会，终身受益。从孩子无意识地去学、去做，到孩子有意识地去学、去做，这就是孩子自我成长的标志。正所谓"知之者不如好之者，好之者不如乐之者"，教育不是讲大道理，而是父母把自己的爱化为涓涓细流，时刻滋润孩子成长的心田，与孩子合拍。

作者的实践，最终启迪我们和广大家长，在教育孩子方面，要懂得孩子就是一个独特的存在。孩子不是你的私有财产，他不属于你，不属于我，他终究属于这个国家、这个社会。不要因为虚荣心而一味地在孩子成绩方面与别人攀比，否则会影响孩子的健康和全面成长。由此可见，在孩子六年的小学生涯中，家长不能急功近利，要用教育学的眼光与心理看待学校与孩子，慢慢等待孩子一点一滴地成长，多一点耐心与爱心，让他把各个方面的基础都打扎实了，让他把阅读、乐学、热爱集体、与人为善等好的习惯养成了。

过程正确，结果就不会错。我经常提三个超越：学好教材，超越教材；立足课堂，超越课堂；尊重教师，超越教师。今天我还想增加一个超越，那就是——学习父母，超越父母！在功利社会、应试教育的夹缝中，我们不要联手"折磨"孩子，而应该积极和老师们一起，用心陪伴孩子，启迪孩子低头奋斗的智慧，培养孩子抬头看天的情怀，塑造孩子阳光开放的心态。

窦桂梅

清华大学附属小学校长

全国著名特级教师、博士

推荐序三 看不见的『用心』

在李若辰从幼儿园毕业后的这些年里,我和辰辰的爸爸妈妈也从老师和家长的关系,变成了朋友关系。他们对辰辰的付出令我敬佩,他们在教育孩子上的用心也鞭策着我。他们将培育孩子当作一个系统工程,不断地在父母、老师、玩伴和朋友之间转换着自己的角色。从他们的身上,我再一次深刻地体会到,亲子关系、家庭氛围对一个孩子的成长多么重要。辰辰的开朗、乐观、宽容、好学、坚强、富有同理心等良好个性和优秀品质,无不和她父母所坚持的"快乐教育,幸福成长"的教育理念相吻合。

辰辰是幸福和幸运的,因为父母对她的爱是理智的,因为爱,他们要让辰辰拥有真正的快乐。为此,他们精心设计"家庭日""游戏时间",营造家庭阅读氛围;为此,他们努力经营家校关系,让辰辰喜欢她的每一位老师;为此,他们在多数孩子上各种兴趣班的时候,带辰辰去博物馆、看流星雨、滑旱冰;为此,他们帮着辰辰照顾各种她照顾不过来的动植物;为此,他们持之以恒地关注辰辰成长中的每一个细节,不断地观察着、记录着、引导着、支持着、欣赏着、享受着辰辰的成长。

当社会上很多人在责怪"80后""90后"有这样或者那样的缺点时,一方面大多归因于他们是独生子女,似乎每个人都明白应该怎样做、不应该怎样做;另一方面,大家又在有过之而无不及地重复着那些大家认为不好的做法。似乎自己的孩子和同伴发生矛盾时,家长不替孩子出气就是不爱孩子;似乎孩子在学校出现问题时,家长不找老师理论就对不起孩子;似乎不给孩子报各种各样的兴趣班,就耽误了孩子……很多家长,甚至学校和老师,正在"身不由己"地陷入一个教育的怪圈。

如果你希望享受和孩子一起成长的幸福,建议大家读读辰辰妈妈写的书。

如果你是一名教师,请读一读这本书。不要认为自己已为人师就是无所不知的教育专家了,其实每一位家长都是我们学习的宝贵资源。赏识每一个学生，用教师公正的爱关心他们，用伟大的人格影响他们，用广博的学识引领他们，让教育为学生一生的幸福奠定基础。

如果你是一名家长，更有必要读一读这本书。在孩子成长的过程中，学校和老师都只能在某个阶段成为孩子的重要影响者，而血缘关系注定了父母一生都要对孩子负责。每个孩子都是独特的，最了解孩子的是父母，最能提供个性化教育的是家庭。教育无小事，做一个有心、用心的家长，让事事、时时、处处都成为你和孩子沟通、引领孩子成长的契机。在教育孩子上，不要让"工作忙，压力大，没时间"成为自己偷懒的理由，教育孩子的责任，学校和家庭永远都无法相互取代。

杨雪扬

北京大学幼儿园燕东园园长

推荐序四 在「卷」的时代，寻一份「不卷」的教育智慧

生命中总有许多奇妙的巧合。十几年前，在济南图书馆的一次活动中，我有幸聆听了刘称莲老师的讲座。刘老师用诚恳而真实的话语，分享她的家庭教育理念和育儿故事，深深打动了我。讲座结束后，我们深入交流，我了解到她为了给孩子创造更好的成长环境，毅然举家从山西一个县城搬到北京，从零开始打拼。这份执着与勇气，让我深感敬佩。后来刘老师将这些宝贵的经历，写成了这本《陪孩子走过小学六年》。

刘老师这本书与我渊源颇深，因为工作的原因，我接触过无数家长。十几年前我创办了"约读书房"，致力于推广引导型儿童读书会。

家长们在孩子阅读方面有着诸多困惑：如何为孩子挑选合适的书籍？怎样激发孩子的阅读兴趣？如何判断孩子的阅读效果？如何让孩子在阅读后提升写作能力？……这些年为家长解答问题的过程中，我总是会不遗余力地推荐给他们一本书——《陪孩子走过小学六年》。

书中特别强调阅读对孩子成长的关键作用。刘老师关于家庭阅读的经验，与我们"约读书房"十年间摸索总结出的核心心法——引导、陪伴、分享——不谋而合。在家庭阅读中，做好这三步，孩子的阅读能力定能长足进步。

所谓"引导"，源于我们发现孩子爱读的书和家长希望他们读的书常有差距。例如，孩子可能偏爱漫画书，而家长则希望孩子阅读经典名著。这时，就需要我们巧妙地搭建一座桥梁，帮助孩子从漫画逐渐过渡到名著。有效的引导方法是从孩子已有的兴趣出发，假设孩子喜欢有趣、搞笑的历史漫画，我们可以先接受这一点，然后从孩子阅读的漫画中挑选出他感兴趣的人物，再围绕这个人物的故事引导拓展阅读。

比如，多年前曾经有个家长找到我寻求帮助，因为她无法说服孩子完整阅读《华盛顿传》并完成学校布置的读后感作业，孩子对这本书毫无兴趣。我通过跟家长交流得知，这个孩子并非所有书都不爱读，他特别喜欢科普漫画《植物大战僵尸》。之后我顺着科普这个思路问孩子还对什么感兴趣，家长告诉我，孩子因为跟着哥哥玩《穿越火线》这个游戏，所以对军事很感兴趣。听到这里，我便告诉家长可以通过以下几个问题引导孩子：华盛顿有没有跟军事有关的事情？华盛顿有没有打过仗？华盛顿在打仗的时候有没有用到枪？那时的枪是子弹枪还是火药枪？现在军费开支最大的国家是哪个国家？美国流通最广的美元面额是1美元，1美元上面印的头像是谁？这几个问题，就是我们搭建的"引导"的桥梁。这也是我们多年实践出的有效拓展方法，本质是激发孩子对一本书的阅读兴趣，同时降低阅读难度，并拓展知识背景。

说到"陪伴"，刘老师的做法值得家长们效仿。例如，为孩子打造一个适宜阅读的环境。可以在家中显眼的位置摆放书架，比如沙发对面。大多数家庭沙发对面放的是电视，这就在无形中暗示孩子电视是主角。如果换成书架，环境和氛围就大不一样了。但有了环境，让孩子完整读一本书也并非易事，他们可能会出现读不进去或读不完的情况。这时如果家长能有意识地陪伴孩子读书，做出榜样，那么孩子养成阅读习惯的可能性将会大大提高。

我们组织读书会时，通常专门留出40分钟让孩子们在集体氛围中安静阅读，就是为了提供一个"陪伴"的场域，让孩子能较为容易地进入阅读的状态。在家也一样，有家长陪着读，孩子更容易进入那种沉浸其中的"心流"状态，体会到阅读的幸福。

"分享"也是阅读过程中不可或缺的一环。尽管阅读是一个独自探索心智的过程，但孩子在阅读后总会有所收获，他们渴望通过分享来获得成就感，并借助他人的视角来丰富自己的理解。对孩子而言，来自家长的鼓励与肯定是他们阅读信心的重要来源。

在读书会中，我们常常看到孩子间的交流和老师的肯定，给予他们极大的心理营养与正反馈，增强了他们的自信。就像书里写的，刘老师和女儿在生活中遇到问题就会去书里找答案，女儿找到后，刘老师加以肯定鼓励，又进一步激发了孩子的阅读兴趣，形成正向循环。

这些引导、陪伴、分享的方法，要想真正发挥作用，离不开整个家庭共同营造的氛围。对此，刘老师在书中做了非常完整、接地气的讲解。正因为书里把道理讲得透、方法说得明，我才一直坚持向咨询阅读问题的家长推荐这本书。更何况，书中像这样源自实践、行之有效的养育智慧还有很多。

《陪孩子走过小学六年》已经成为畅销且长销之作，我在微信读书上看到这本书被列为"好评如潮"的类别，而这一标签是由真实读者的评价总结得出的，可见众多家长自有"慧眼"。

如今，竞争激烈、"内卷"裹挟，家长们常常焦虑不安，担心孩子输在起跑线上，于是把孩子的课余时间用各种补习班和兴趣班填满，试图让孩子在学业上脱颖而出。

刘老师的教育方式为我们提供了一种"不卷"的范例。这是一本全方位的实用指南，从生活、阅读、学习、品格、心理和沟通六个方面，指导家长如何在小学六年里给予孩子恰当的支持。书中提倡丰富孩子的体验，如户外活动和亲子游戏，促进全面发展；强调营造阅读氛围，鼓励孩子探索书海；分享学习习惯的培养技巧，激发孩子的学习兴趣；重视品格塑造，培养责任感和孝心；关注心理健康，助力孩子独立成长；探讨有效沟通方式，促进亲子关系和谐……这本书提供了具体、科学的建议和实践方法，让家长在陪伴孩子成长时更有信心和能力。

我自己的女儿马上也要步入小学阶段，我们夫妻共读的家庭教育书籍就是这一本。我可以骄傲地说，多年来，我向成千上万的家长推荐了这本书，包括我自己。

我想对所有家长朋友们说，当感到迷茫与焦虑时，不妨静下心来翻开刘老师的这本书,从她的亲身经历和智慧中汲取力量,找到属于我们自己的教育节奏,陪伴孩子在小学阶段健康快乐地成长,为他们未来的人生奠定坚实而美好的基础。

约读书房创始人

李宗磊

阅读导航

亲爱的读者,为了便于您更有针对性地阅读本书,我们设置了一个问题索引,根据问题所对应的页码可以快速找到相关内容。

1. 孩子写作业磨蹭怎么办? 004
2. 孩子不爱上学怎么办? 106
3. 怎样鼓励成绩不好的孩子? 193
4. 孩子不爱读书怎么办? 040、045、049、054
5. 孩子不会写作文怎么办? 041、077、117
6. 孩子到底要不要上课外班? 136、203
7. 孩子怎样提高英语听力? 122
8. 孩子做题总是犯同样的错误怎么办? 131

9. 怎样培养孩子的专注力？113

10. 孩子小升初时，父母需要注意哪些问题？142

11. 怎样让孩子越玩越出色？002、008、013、018、023

12. 如何增强孩子的成就感？101、114、194、267

13. 孩子不肯早睡觉怎么办？111、270

14. 孩子沉溺于网络游戏怎么办？048、052、224

15. 孩子闹情绪怎么办？027、216

16. 怎样应对孩子的"早恋"？218

17. 如何培养孩子的勤俭意识？173

18. 如何培养孩子的孝心？159、178

19. 怎样培养孩子的自立能力？177、252

20. 如何培养孩子的好人缘？033、106、165、211

21. 孩子多参加体育运动有哪些好处？028

22. 如何培养孩子的爱心？186

23. 如何锻炼孩子的毅力和耐力？023

24. 孩子不愿意跟父母沟通怎么办？207、236

25. 父母跟孩子一起爬山有哪些好处？010、025

26. 怎样让孩子体会到父母的爱？241、259

27. 怎样让孩子喜欢自己的老师？107

01

生活

越玩越出色

玩物并不一定丧志。
在玩的过程中，孩子轻轻松松学到了课堂上不可能学到的知识。
其实在家里我们更应该给孩子一个研究性的环境，
还孩子一片更广阔的天地，让孩子在体验和实践中学习，
而不是让孩子回到家后依然只抱着课本和练习册。

我家的"游戏时间"和"家庭日"

小学生还是"顽童",应该让孩子有玩的机会,毕竟处处留心皆学问,走出课本、走出家门,孩子其实也在学习,而且是在轻松地学习。

女儿上幼儿园的时候,吃过晚饭后,总是爸爸陪她玩,我来做家务。上小学后,因为有了学习任务,就不能像幼儿园那样,一吃完饭就开始玩了。不过刚上小学那段时间,作业并不是很多,女儿很快就可以做完。所以,我们就和她商量好,每天晚上写完作业,都有一段"游戏时间",时长根据她完成作业的情况调整,可以是一小时也可以是半小时。所谓游戏,就是在女儿写完作业以后,爸爸、妈妈陪孩子玩的互动游戏。女儿上小学期间,我们一直保持着这个协定,游戏时间长的话,女儿最喜欢到楼下的健身场地去荡秋千;时间短的话,我们就在家下五子棋、跳棋或者玩扑克牌。

我和先生更喜欢跟女儿玩扑克牌,女儿最喜欢"争上游"或者"斗地主",因为打牌时可以三个人一起参与,而且三个人有输有赢,输赢也不固定在某个人身上。赢了,我们会表现得非常高兴;输了,我们也会表现得很懊恼,并说"再来,下次我一定会赢"。跟女儿一起玩牌,我们很少让着她,不会故意让她赢牌,目的就是要培养女儿"输得起"的品质。

一次,一个小朋友来我家玩,我就和两个孩子一起玩牌,而那个小朋友每次输牌的时候就非常不高兴,要是连输两次还会哭鼻子。看到这种情形,女儿很不解,因为在她看来输赢都是非常正常的事情。后来了解到,那个小朋友在自己家打扑克的时候,大人为了让孩子高兴总是故意输牌,所以每次都是小朋友获胜。父母出于爱让孩子只去体会赢的乐趣,殊不知,孩子在外面遇到挫折时就会表现得很脆弱了。

"失败乃成功之母","输得起"是一种优秀的品质。在游戏中输得起的孩子,在其他方面的较量中也会输得起。孩子会经历大大小小的考试,不可能每次都考出好成绩,如果输得起,那么就不会看重一次的得失,考好了会高兴,考不好会重整旗鼓努力准备下一次考试。孩子在将来的生活和事业中也会时时遇到较量,只有怀着"输得起"的心态,才能平和看待每件事,尽力而为,努力实现自己的那份精彩。

别小看玩扑克牌,它还可以锻炼孩子解决冲突以及与人协作的能力。先生在玩牌的时候时常"耍赖",女儿会据理力争,最终使问题解决。"斗地主"的时候,每一轮牌局都会有两个人成为"朋友",那么如何观察谁是你的"敌人",谁是你的"朋友"?或者如何跟你的"朋友"联手对付"敌人"?这一切,看似轻松的游戏,其实锻炼的都是孩子的能力。

此外,"游戏时间"还有一个好处,就是使女儿在写作业时非常专注,速度也很快,因为她知道作业写完后有好事情在等着她。

这两年接触了一些小学生的家长,他们诉苦说孩子写作业很磨蹭,明明很快就能写完的作业,孩子总是要写到将近晚上11点。仔细分析才发现,许多孩子刚上小学的时候写作业很快,有些家长就觉得孩子没有"吃饱",于是在孩子写完作业后,再给孩子布置一些额外的作业。孩子知道爸爸妈妈给他布置的是分外的作业,从心里就不爱做,但是迫于家长的威严,又不得不做,于是便用磨蹭来对付家长。孩子会想:既然很快把老师布置的作业写完了还会有新的作业,不如写慢点,把时间拉长,这样爸爸妈妈就不会再给我布置新的作业了。许多孩子写作业磨蹭都源于此。

磨蹭的习惯一旦养成,就会后患无穷。当孩子升入初中和高中后,作业量会大大增加,此时就算不给他们布置额外的作业,孩子也需要花大量的时间才能完成课内作业。磨蹭使孩子的学习效率大大降低,孩子会更加抵触写作业。相比较,承诺在作业完成后给孩子一些"甜头",孩子的学习劲头就会加大,也更容易尽快写完作业。

此外，一些孩子是独生子女，没有兄弟姐妹陪他玩耍，父母只能同时扮演家长和同伴的角色。在女儿成长过程中，有一点我和先生的意见非常一致，即一定要让女儿快乐地成长。尤其在小学阶段，我们极少在周末给女儿报课外班，目的就是让女儿在上了五天的学之后尽情地放松，做自己喜欢做的事情。因此，女儿一般在周六上午把作业做完，下午去上舞蹈课，周日基本都是自由时间。为了让女儿玩得尽兴，我们把周日规定为我家的"家庭日"，也就是说，这一天无论大人和小孩都不能安排其他事情，大家一起活动。为此，我和先生都在上班时间尽量把工作做完，争取不在周末加班。

女儿上小学期间，我们住得离颐和园很近，骑车只要十多分钟就可以到达，而且冬日是旅游淡季，门票比较便宜。那时我们一家喜欢在冬日的午后一起去爬万寿山，选一个"庭院"，我和先生坐在院子里的台阶上，看女儿把院子中央的方砖当作"房子"跳来跳去；或者一家三口趴在"院墙上"，看那烟波浩渺的昆明湖。那时候，昆明湖的风、万寿山的石头、西堤的柳树、佛香阁的雪都是我们所熟悉的风景。女儿在那里度过了许多美好的时光。

女儿小学六年，我们"家庭日"活动的足迹很多：家门口的圆明园、四季风光皆迷人的植物园、科技馆的穹幕电影院、动物园的猴山旁、自然博物馆的展窗外、高高耸立的凤凰岭上……无不留下了我们的身影。和女儿在一起的日子，我们不仅收获了快乐，而且亲子关系非常融洽。我和先生也适时地把我们的教育潜移默化地渗透到女儿的内心，让女儿懂得了很多书本中没有的知识。

女儿每个周末的轻松，让不少小朋友非常羡慕。那时候我家离学校近，放学后总会有小朋友和女儿一起回家玩儿。有一次，我在厨房里做饭，就听到跟女儿告别的两个小朋友说："李若辰真幸福！""是啊！我好羡慕她呀！"我知道他们所羡慕的"幸福"，正是周末不用去上各种课外补习班，而可以跟着爸爸妈妈到处玩儿。

在"家庭日"，我们也经常让女儿约上她的好朋友一起出去。但可惜的是，许多小朋友周末压根儿就没有放松的时间，总是被家长逼着赶场子，两天都被排得满满的。有些孩子最后熬不住，就出现了各种问题。一次在外地讲课，听说一个孩子从小就被父母逼着学习各种特长，而且表现得特别优秀，然而到小学四年级的时候，孩子患上了心肌炎，医生告知：这孩子就是累的，孩子这一生都不能太劳心劳力了。

小学生的功课未必重，但周一到周五的时间都被"圈"在学校里，孩子会觉得很受约束。法定的两天周末，本应该是还给孩子自由的休息时间，家长根本就没有权力剥夺。作为成人的家长在工作五天后都特别想放松一下，何况那么小的孩子呢？而且，玩是孩子的天性，多多玩耍可以让孩子尽情张扬个性，性格变得阳光开朗。

　　多年的经历让我发现：很多时候不是孩子没有时间玩，而是家长并不愿意在周末和孩子一起活动，因为这需要家长付出一定的时间与精力。既然我们为人父母，就有义务、有责任帮助孩子建立健全的人格。养育孩子好比种庄稼，在特定的生长阶段要给予特定的养分，才能保证孩子健康地成长。一些机会错失之后就永远无法弥补了，因为孩子成长的每个敏感期稍纵即逝。我和先生很庆幸，抓住了孩子上小学的宝贵时间，陪孩子快乐地度过了小学六年。

大自然是本无字的书

家长朋友哪个不希望自己的孩子灵活多变、富有创造力？哪个不希望自己的孩子拥有健全的人格？那么在孩子的塑造期，就尽可能多地让他接触大自然吧！

女儿小学期间，在我们家的"家庭日"里有一项重要内容，就是爬山。之所以喜欢爬山，一是觉得到了山里才能跟大自然亲密接触，城里那些人工雕饰的公园根本没法比。此外，爬山可以磨炼孩子的意志。每次女儿和我们一起爬到山顶，她都会非常兴奋，为自己的成功登顶而喜悦。所以，我们便一次一次地满足她渴望成功的愿望。女儿上小学的六年中，我们经常去爬近郊的那些山，比如香山、八大处、鹫峰、阳台山和凤凰岭等。对有的山，我们会选择不同方向的登顶路线。比如爬香山，我们不仅爬到香炉峰，也会爬到玉皇顶；爬凤凰岭，则是南、北、中三条路线一条也没有落下。

其实，爬山还有一个好处，就是激发孩子的学习欲望。

有一年的秋天，我和女儿去爬凤凰岭。爬到半山腰，女儿停了下来，小心翼翼地把手放在嘴边做了个"嘘"的动作，就蹲在地上低头观察了起来。原来，地上有三只蚂蚱，其中的两只正在打架，而且打得非常激烈。双方一会儿用嘴咬，一会儿用带有锯刺的腿互相蹬。而另外一只蚂蚱则做"隔山观虎斗"状，在一旁一动也不动。最后，战斗的两只蚂蚱中有一只被打败了，两条后腿都被扯了下来。这时，胜利的那一方爬到一动不动的那只蚂蚱身上，当着我们的面开始交尾。而战败的那一只，则灰溜溜地爬走了。这时我们才明白，原来是两只雄性蚂蚱为了一只雌性蚂蚱在决斗。女儿同情弱者，很为那只战败了的蚂蚱抱不平，还试图用木棍把那对"新婚夫妇"分开，结果没有成功。

整个过程持续了足有半个小时，不到7岁的女儿非常专注，时不时地小声问我一些问题，我便尽自己所能给她讲述关于昆虫的知识。同时，在昆虫交尾的时候，我也简洁地给她讲了讲平时难以启齿的、关于男女之间性的问题。

在这半小时里，女儿上了一堂精彩的自然课，而且我相信，比起老师在学校里讲的课程，这堂课会给她留下更深的印象。那天回家以后，女儿还特意查阅了工具书，对当天的学习内容进行了"巩固"。

我非常高兴女儿在玩耍的过程中学到了课本上学不到的知

识，而且在这种轻轻松松的活动中，女儿的智力无疑得到了非常有效的开发。构成智力的因素有很多，其中就有观察力、注意力、记忆力、思维力、想象力等。就我们遇到的"蚂蚱决斗"而言，女儿通过各种知觉的体验，调动了她的观察力、注意力、思维力、想象力，且激发了她进一步探求知识的欲望，所以才有回家之后的再学习。

还有一次，是一个山桃花盛开的日子，我们一家三口去爬阳台山。在满山桃花散发出的淡淡香气中，我们有说有笑地拾级而上。当我们快爬到山顶的时候，却突然下起了鹅毛大雪。一阵微风刮过，雪花飘舞、落英缤纷。恍惚间，凉的风、润的雪、香的花，天地顷刻融为一体，我们不禁被这奇妙的变化所震惊。三月飞雪很常见，但是如此曼妙的"桃花飞雪"，我和先生也是第一次遇见。那次，我的感受非常奇特，仿佛有一种心灵的震撼，我想女儿幼小的心灵也被涤荡得异常澄明吧。

大自然神奇的力量与瑰丽的美永远在那里，只有让孩子亲身去体验、去感悟，才会有深切感受。也只有亲身感受到大自然的力量，孩子才会发自内心地热爱自然、敬畏自然、热爱环境、保护环境，从而形成自觉的行为习惯。

我有一次非常强烈的体验，到现在都记忆犹新。那是在我八九岁的时候，一个夏天的午后，爸爸带我去放羊。我们刚把羊赶到山上，狂风就裹挟着暴雨呼啸而来，爸爸急忙拉着我往几十米远的山洞里跑。可是，石子和着泥土从脚下流过，我们每走一步都非常艰难，风雨中就连喘气都非常费力。几十米远的路程，我感觉异常漫长。也不知道摔了多少跤，我们才进了山洞，那时我差不多成了一只泥猴，又冷又怕，浑身哆嗦，上下牙直打架，爸爸赶紧把我搂在怀里。没多久，雨停了，太阳出来了，随即东方的天边就挂上了一架美丽的彩虹。

在大自然面前，人的力量是渺小的，我在那次经历之后就有了深刻的感悟。后来再看到"不经历风雨，怎能见彩虹"这句话，就自然而然有一种发自内心的认同与共鸣，而这些都是亲身经历过后才会有的感觉。

女儿不仅在周末的时候去爬山、逛公园，假期我们也常带她到各地去旅游。我们鼓励女儿随时随地观察她喜欢的东西，也允许她按照自己的喜好在家里种植植物和饲养小动物，所以女儿的作文里从来不缺素材，而且语言生动活泼，充满了生活的情趣。"巧妇难为无米之炊"，孩子的生花妙笔正是来源于生活！

和女儿一起体验大自然的奥秘是我们家一直坚持的活动。女儿初二时的"五一"假期，先生带着女儿在老家的山里看星星，第一次那么近距离地跟星星接触，让女儿惊叹不已。女儿上高二的时候，我们一家打"飞的"到内蒙古去看流星雨，让女儿体验了一把什么叫"天人合一"。高考以后，我们全家自驾去了内蒙古，全程4600多公里，置身"蓝蓝的天上白云飘，白云下面马儿跑"的壮美景观中，让女儿明白了什么叫"心旷神怡"。投身大自然，我们一家乐此不疲。

有人把自然界中山、水、树、木、花、鸟、鱼、虫、云、雪、雨、雾等信息称为"生动类信息"，而且强调要多采集"生动类信息"，也就是多让孩子向大自然学习，会让孩子变得灵活、善于变化并富于创造力，我对此十分认同。

教育专家孙瑞雪说："玩雪就是认识雪，看一棵树就是认识一棵树。面对一个自然的世界，孩子把自己的身心投放进去，去感知它的美妙。这么一个体验快乐、锻炼勇敢的过程，也是帮助孩子建立人格的过程。"

特别的体验，特别的收获

相信每个孩子都能体会到父母深深的爱。妈妈做的美味饭菜是爱，爸爸和自己一起踢球也是爱；哭泣时妈妈的拥抱是爱，兴奋时和爸爸一起欢呼同样是爱……

来北京之前，女儿年纪小，我们的条件也不允许过多地享受生活。到了北京之后，除了每年春节回老家过年之外，我们从来没有出过远门，主要是因为我和先生刚到北京打拼，工作都非常忙，根本抽不出时间。

过了几年非常紧张的生活，在女儿上小学的第一个国庆"黄金周"，我们打算好好休息一下。一家去了趟大连，这也是我们全家的第一次远途旅游。节前，先生怀揣着公司发给他的一万元奖金，去中关村买了一台心仪已久的单反相机。这次大连之旅，给我们留下了很多难忘的瞬间。

到大连的第二天，先生提议次日清晨去看海上日出。我非常赞同带女儿去感受太阳升起的那种力量，因为我曾经在华山山顶和五台山的南台看过日出，那种一轮红日喷薄而出、顷刻间云开雾散的感觉令我久久不能忘怀。因为不清楚在大连哪里看日出更好一些，我们询问了酒店前台的一名服务员，她告诉我们去燕窝岭看日出比较好。再问及日出的时间，她说大概5点钟太阳就会出来，我们便让她早晨4：30打我们房间电话叫醒我们。

在10月3日的凌晨4：45，天还很黑，我们一家三口就出了酒店的门，打了一辆出租车，让司机把我们带到了燕窝岭。山路上只有我们孤零零的一辆车，十分冷清，而到达燕窝岭的时候，还不到5点钟。下车的时候，先生跟司机师傅商量，想让他等我们一会儿，看完日出再拉我们回市里。这时候，师傅才告诉我们，太阳估计要1小时以后才能出来，他等不了我们那么长时间。不过他告诉我们，早晨6点以后就会有公交车，而且还指点我们，看日出的话，要沿着那条下山的小路往海边走一段效果才好。

那时候没有旅游的经验，旅游的攻略也没有弄清楚，就连出门都没有带把手电筒。下了出租车，我们只能隐约看清脚下白色的小路。而且在荒山野岭中，只有我们一家三口，心里真是一点底儿都没有。不过我和先生什么也没有说，到了那个地步也只好往前走，因为想回去都打不着出租车了。于是，我们一家三口手拉手沿着小路往海边走去。

女儿的小手紧紧地攥着我的手，小声说："妈妈，我害怕！"

我给她壮胆："不怕，爸爸妈妈都在，天马上就亮了。"说实话，我当时心里也有些怕，不过为了女儿，我必须假装坚强。

就这样，我们小心翼翼地沿着山路往下走。走了一会儿，就看到一男一女老两口一边说着话，一边从山下上来了。等走近了，他们问我们："这么早，你们来干什么？"我们说来看日出，他们很吃惊，说："看日出？今天？在这里看日出？"好像我们找错了地方似的。

原来，在大连看日出，海之韵才是最佳地点，燕窝岭虽然可以看到日出，但是来的人很少，所以他们才表示了惊奇。老两口告诉我们，再往下走几分钟，有一个平台，那就是观日出的最佳地点了。

这时，我们一家三口才彻底放松下来，紧张、害怕都没有了。告别了老两口，我们的脚步变得轻松了，开始有说有笑，天也渐渐地有些亮了。

大连的气候，国庆节时就已经很凉了，所以，那天出门的时候，我们不仅穿上了所有能穿的衣服，还带了一条床单，就怕早晨太冷，女儿受不了。

刚才在走路，而且有一些紧张，并没有觉得冷，但是当我们走到平台上，停下来焦急地等待太阳出来的时候，就觉得受不了了。女儿裹上了床单，依然冷得直打哆嗦，于是先生提议大家一起做运动。就这样，在没人的荒山野岭，我们一家人又蹦又跳，做着热身运动，打破了山的寂静，体验着别样的乐趣。

终于，在天红了半边的时候，太阳羞答答地出来了。在地平线上，先是一截红线，远看就像一条不长的小虫在蠕动，却有万丈光芒发射出来。一时间，天边已没有了柔和的红色，而是出现了万道红光。

紧接着一个红色的圆弧凸出来，然后是半圆，因为有一丝云正好把半圆的弧和下面分开了，女儿拿着望远镜激动地说："爸爸，你看，现在的太阳像个诱人的大汉堡。"我不禁在心里赞美女儿的想象力。

也就几分钟的光景，太阳喷薄而出，一颗红球从海里跳出来，高高地挂在了天边。这时在我们眼前的海面上扯出了一条红波粼粼的长带子，散出点点金光。

海中日出真的很美。海纳百川，当你在观看海上日出的时候，就会感觉连万物之源的太阳，似乎也是她孕育出来的。

美中之美的是，那天在燕窝岭观日出的人，只有我们一家三口。虽然有些波折，却让我们领略了心灵的震颤，享受到了没有嘈杂人声的静谧，我们用心体会了来自大海、太阳以及来自自然的伟大力量；没有在其他地方看日出时的拥挤，我们一家收获了不少精彩的照片。爱好摄影的先生拍了一组令他得意的日出照片，后来还经常拿出来回忆。

那次"非常之旅"已经过去了很多年，但每次回忆时我们仍然对其津津乐道。看日出的经历给女儿留下了非常深刻的印象，黑暗中的恐惧、寒风里的瑟瑟发抖、观看日出瞬间的兴奋，对她来说都是深刻的体验。那次看日出的经历以及其他特别的活动，激发了女儿探求自然、体验自然神奇力量的好奇心，使她后来一直非常热爱自然，喜欢探索自然的奥秘。好奇心能够激发孩子探究和学习的动力，并使他们在满足好奇心的过程中慢慢成长。

相信每个孩子都能体会到父母深深的爱。妈妈做的美味饭菜是爱，爸爸和自己一起踢球也是爱；哭泣时妈妈的拥抱是爱，兴奋时和爸爸一起欢呼同样是爱……就像我家，和孩子一起去冒险，创造一些与众不同的经历，让孩子有一些特别的体验，给孩子一些特别的收获，我想这也是爸爸妈妈爱孩子的特别方式吧！

当然，不同的家长会用不同的方式表达爱。比如，有的家长带孩子一起骑行川藏线，有的家长让孩子独自去旅游等，都是想让孩子有一些特别的体验。虽然形式各异，但终极目的都是想让孩子在体验中收获成长。

养殖与种植：体验生命的神奇

女儿小的时候，我一直努力地实践：尊重女儿的独特性，希望她按照自己的特性去成长。我相信，在父母的爱护之下，每个孩子都会成为不一样的人才。

女儿小的时候，我家曾经有一个被女儿称作"水族箱"的鱼缸，总会有不同的水生动物在里面生活。几乎每年的春天，女儿都会饲养蝌蚪。女儿每天放学回家后用菜叶喂蝌蚪，看着小蝌蚪从拖着一条长尾，像鱼一样用鳃呼吸，到长出两条腿，尾巴慢慢变短，再到长出四条腿，变成会跳的小青蛙，然后女儿会把它们放生到荷塘里。这个水族箱最兴旺的时候，曾经共生着鱼、虾，还有螺蛳，小家伙们虽然生活方式不同，却能够和平相处。那些螺蛳还不断地生宝宝，刚出生的小螺蛳虽然个头非常小，却跟妈妈的本领一样大，可以倒挂在水面上缓缓滑行并啃食菜叶。

下雨天，女儿看到树上爬的蜗牛，就捉一些放在罐子里养着，以便仔细观察蜗牛的生活习性。有一天早晨起来，我发现家里到处都是在慢吞吞爬行、东张西望的小蜗牛。

一次我们去爬山时，看到路边一个个漏斗型的小土窝，女儿很好奇，便带回几只窝的"小主人"，仔细翻查字典，原来那些小生灵叫作蚁狮，专以蚂蚁为食，那漏斗一样的土窝便是给蚂蚁设置的陷阱。为了让蚁狮能够顺利长大，女儿每天放学的第一件事就是为蚁狮去捉蚂蚁。

夏天，槐树上悬挂在半空中的"吊死鬼"（学名尺蠖），人见人躲，女儿却带回家几只，放在盒子里养着。

有一年我们去苏州游玩，女儿看到人家养的一大盘一大盘的蚕宝宝，便不辞辛苦地带回来几十只，用桑叶喂养成白胖胖的蛾子……

可以说，女儿的整个小学期间，我们家一直没有停止过养育小动物，而且因为女儿酷爱昆虫，昆虫更是我家的常客。女儿是昆虫学家法布尔的"粉丝"，所以她养殖昆虫只是为了观察，从来不去伤害它们。偶尔，饲养的小东西不幸夭折，女儿便会非常伤心。

女儿固然很喜欢养殖这些小动物，但有时却因为做功课或者玩耍而忘记照顾她的这些小伙伴，因此，喂养的任务更多时候是由我们来完成的。虽然麻烦了点儿，我和先生却乐此不疲。水族箱里的菜叶一般都是我来放，通常我在做饭洗菜的时候顺便就完成了。蚕宝宝要吃的桑叶则由先生负责采摘，他总是在下班回家的时候带回来一把，或者晚饭后专门到清华大学的绿园去采摘。

在我们看来，女儿在和这些小生灵相处的过程中，逐渐了解到生命的神奇，从小建立了敬畏生命、热爱自然的人生态度。在悉心照顾这些小动物的过程中，女儿的爱心和责任心也在不知不觉中被培养起来。这些素养，需要父母的悉心引导和支持才能逐渐养成。重要的是，孩子有某些喜好的时候，父母能小心呵护并陪伴在孩子的身边。我非常庆幸在女儿有这些别人看来稀奇古怪的爱好时，我和先生没有扼杀她的好奇心，而是给她提供了一个宽松而自由的环境，并支持她培养自己的爱好。

事实上，女儿从小对昆虫的观察和认识，在后来考大学的时候派上了用场。2010年，女儿参加了香港大学的校长推荐计划，在一对一面试的时候，考官跟女儿讨论的就是有关昆虫的问题。一开始还稍有紧张的女儿，话匣子一下子打开了，跟面试官聊得非常开心，以至于时间都到了，面试官依然意犹未尽。

可见，玩物并不一定丧志。在玩的过程中，孩子轻轻松松学到了课堂上可能学不到的知识。如今学校里开展的"研究性学习"，内容就是课堂之外的一些探索和学习，其实在家里我们更应该给孩子一个研究性的环境，还孩子一片更广阔的天地，让孩子在体验和实践中学习，而不是让孩子回到家后依然只抱着课本和练习册。

女儿小时候，我们除了满足她的好奇心，陪着她养小动物外，也会和她一起在家里种一些植物，让她了解植物的习性。

有一次，我和女儿把几粒绿豆和几粒牵牛花的种子种在了一个一次性的杯子里，放在女儿卧室的窗台上。女儿每天勤快地浇水、松土，期盼着这些种子发芽。几天后，几棵小芽破土而出，每棵都有两个叶瓣，根本看不出是牵牛花的苗还是绿豆苗。再过几天，小小的叶子长出来了，然而所有的叶子都是心形的，依然分不清是牵牛花的还是绿豆的。

又过了两天，叶子长大了，我才根据颜色和叶片上的绒毛，分辨出绿豆和牵牛花，并把如何分辨的方法告诉了女儿。为了让绿豆和牵牛花都能长得茁壮一点，我建议各留一株。于是，女儿把那些比较弱小的苗拔掉了。

一天早晨，我去叫女儿起床的时候，看到牵牛花和绿豆同时开花了。看着淡紫色的牵牛花和黄绿色的绿豆花在小小的杯子里同时开放，女儿既惊讶又兴奋，让爸爸赶紧用相机把这情景拍了下来。

女儿继续观察：绿豆的果实被包在一个坚硬的豆角里，牵牛花的籽儿裹在一个圆圆的皮包里，形态不同，却都灵动可爱。

通过亲自种植，女儿感受到了植物生长的神奇。她在种植的过程中，通过查百科全书明白了一些植物学知识，比如：绿豆的花很不起眼，果实却是非常好的食物；牵牛花很漂亮，果实还是很好的药材。

我想她逐渐也应该明白一些道理：绿豆和牵牛花虽然是两种

不同的植物，却没有好坏优劣之分。在还是种子的时候，它们只是颜色有差异，大小则几乎一样，甚至在它们刚发芽的时候，我们都分不清它们谁是谁。长大了，它们才终于呈现出自己独特的一面，成了本该成为的绿豆和牵牛花。

天下的植物莫不如此。只要是一粒种子，即使看起来再微小脆弱，也有足够的能量长大，也会按照自己的方式最终成长为独特的样子。

孩子也像植物一样，每个人都是独一无二的。有的孩子在语言学习上能力很强，有的孩子在音乐方面很有天分，也有的孩子是绘画天才……家长需要做的，是用我们深深的爱"浇水""施肥"，给足孩子心理营养，并耐心等待孩子慢慢长大。

在种植与养殖体验中成长的孩子，或许更明白生命的神奇，更了解稼穑之事。只是孩子不同，爱好不同，他们所体验和擅长的方向也可能不同。我的女儿喜欢饲养和种植，有的孩子喜欢制作飞机和汽车，也有的孩子则从小喜欢做化妆师……无论热爱怎样的体验生活的方式，无论在哪一个领域有特长，甚至只是一腔热忱，家长也不妨允许和支持孩子。

女儿小的时候，我一直努力地实践：尊重女儿的独特性，希望她按照自己的特性去成长。我相信，在父母的爱护之下，每个孩子都会成为不一样的人才。

一个月才完成的拼图

当孩子打"退堂鼓"的时候，家长能否陪着孩子一起坚持；当孩子提出无理要求的时候，家长能否狠心拒绝；当孩子按照我们的要求达到一定目标的时候，家长能否及时肯定孩子的努力，并给予奖励和鼓励，这一切都决定着孩子能否学会坚持和忍耐。

女儿喜爱玩拼图，还要感谢她的幼儿园好朋友昕昕。昕昕的爸爸是某外企的高管，符合技术移民的条件，他们一家三口便移民去了加拿大。在离开之前，昕昕家把很多东西都以很低的价格卖给了我们，其中包括昕昕玩的一些拼图。从此，女儿便喜欢上了拼图。

不过，昕昕留下的拼图都是几十块的，非常简单。女儿玩了一段时间后，就提出了更高的要求，到小学一年级时，女儿就开始拼500块，甚至1000块的拼图了。

拼图玩具极考验耐心和细致，那些块数多的拼图比较难拼，女儿便邀请我和她爸爸帮忙。后来每次女儿买回来新的拼图，总是我们全家一起上阵，在地板上拼。那是很有意思又很温馨的画面，三个人席地而坐，头扎在一起，专注地拼一幅《美少女战士》或者《史努比》。

我不知道别人家玩复杂的拼图要用多长时间，我家拼500块或者1000块拼图时总是不能一次性完成，因此，我便找了块木板，在那上面拼，一次完不成就分多次。耗时最久的一次是拼一幅《米老鼠之家》，1000块拼图，我们一家用时一个月。玩拼图的时候，我把拼好的部分和未用的小块都集中在木板上，木板就放在地板上，女儿每天回来都会拼一部分，我和先生有兴趣时也拼几块。经过了一个月，那些碎片终于拼成了一幅完整的图画，女儿高兴得跳了起来。

有很长一段时间，我家的地板上总有一幅没有拼完的拼图。有一次我的大哥到北京出差，就问地板上的拼图是怎么回事，我向他解释完，他很佩服女儿的耐性。他哪里知道，那是我们挖空心思，专门锻炼女儿耐性的方法。

小孩子容易缺乏的就是坚持做完一件事的耐心，拼图又是很琐碎的大工程，女儿起初拼那些复杂的图画时也往往半途而废，所以我才想出了用一块木板把没有拼完的图片收起来，下次接着拼的办法。没想到这招还真灵，女儿竟然"上套"了，小学期间有好几幅1000块的拼图都是这样完成的。虽然花费了很长时间才做成了一件事情，但无形中让女儿懂得，只有善始善终才会获得真正的成就和快乐，也让她懂得了"坚持就是胜利"的道理。

人生有许多事情不可能一蹴而就，需要坚持和忍耐才能达到目的。从小培养孩子的意志力和做事坚持到底的好习惯，是非常有益的。

我和先生经常带女儿去爬山，每次爬山都鼓励她爬到山顶，因为我们觉得"无限风光在险峰"。

我的一个好朋友说，她也常用爬山来作比喻教育女儿。她跟女儿说："爬山的时候，在各个方位看到的风光会有不同。虽然在山脚下也可以看到不错的风光，但是大部分人还是往上爬。爬到半山腰，有些人就觉得已经足够了或者体力不支，停了下来。这时候看到的风光就跟山下看到的截然不同了。不过，由于离山顶还有一段距离，因此有些人会接着往上爬，越往上爬眼界越宽，看到的景致会更全面、更壮观、更美丽。现实中，只有很少人能最后爬到山顶，但是只有他们才能看到最独特的风景。"

她女儿听了她的话以后，每次爬山虽然会觉得累，但总要爬到最高点才罢休。朋友在和女儿一起爬山时，爬一段路，就会让女儿停下来看看周围的景致，让女儿感悟妈妈的话。朋友的女儿做事很专注，学习成绩很好，其他方面发展得也不错，还没有上六年级，就被北大附中的实验班和人大附中的创新实验班录取了。

我很赞同朋友的那一番话，无论是我女儿的拼图还是朋友女儿的爬山，鼓励孩子为了达到最后的目标坚持和忍耐一下，我觉得也是一种"延迟满足"的训练。

"延迟满足"是一个心理学概念，是指为了追求更大的目标，获得更大的享受，可以克制自己的欲望，放弃眼前的诱惑。"延迟满足"往往是一个人心理成熟的表现，也是情商的重要构成部分。美国的心理学家米歇尔，在进行多年的跟踪实验后证明，那些能够"延迟满足"的孩子自我控制能力更强，他们能够在没有外界监督的情况下适当地控制、调节自己的行为，抑制冲动、抵制诱惑，坚持不懈地保证目标的实现。而那些"延迟满足"能力发展不足的孩子，就会出现某些偏差行为，如边做作业边看电视，上课时东张西望做小动作，放学后贪玩不回家，性格急躁，缺乏耐心，进入青春期后，在社交中容易羞怯、固执，遇到挫折容易心烦意乱，遇到压力就退缩不前或不知所措等。

其实，"延迟满足"更多的是指那些在物质诱惑面前抵制能力强的表现，因为米歇尔的实验就是用糖果来做的。

说到这里，就不得不提到现在的家长对孩子无限制满足的现象。如今中国的许多家庭都是独生子女，因为孩子少或者只有一个孩子，家长便不自觉地过于溺爱孩子，对孩子的要求有求必应，因此造就了许多"小皇帝""小公主"。而当孩子长大后出了问题时，许多人还不知道症结在哪里。

我很清楚地记得，女儿上幼儿园中班的时候，每天下午从幼儿园回家时路过的路口，都会看到一个卖糖葫芦的。冬天风很大，分明可以看到糖葫芦上有一层灰土，非常不卫生。可是孩子哪里懂得这些，第一天看到，女儿就嚷嚷着要吃糖葫芦，我告诉她那糖葫芦不太干净，吃了会闹肚子，便没有给她买，女儿因此哭得很厉害。第二天又看见了，女儿依然求我给她买，我依然坚持说那儿的糖葫芦有些脏，等周末我会带她到超市去，买又干净又好吃的"高老太太糖葫芦"。这一次，女儿哼哼了两声，没有哭。因为之前她曾经吃过"高老太太糖葫芦"，确实很好吃。第三天再看到卖糖葫芦的，女儿跟我说："妈妈，我今天不吃糖葫芦了，等周末的时候你带我去超市买。"周末的时候，我真的带女儿去了最近的超市，为她买了"高老太太糖葫芦"，作为奖励，我还为她买了一块小手绢，因为她那时候特别喜欢用手绢折叠各种小玩意儿。

　　后来我经常发现，有些小朋友到了商场以后，看到某样东西就一定要买，家长不给买的话就大哭，严重的会躺在地上打滚，女儿进了商场则很少有这种情况。也许是那时候我们物质条件比较差，经常不能满足她，锻炼了她的抑制能力，也许是类似的"糖葫芦事件"起了作用。

　　我们应该尽量满足孩子的内心需求，给孩子足够的爱和尊重，这样有利于孩子提升自我价值。然而，爱孩子不等于没有界限，哪些事情可以做，哪些事情不能做，一定要有明确的规定。至于那个度，是需要家长通过学习、修炼去把握的。教育家卢梭在《爱弥儿》中就对父母们说："你知道用什么办法使你的孩子得到痛苦吗？那就是：百依百顺。"

从小运动好处多

运动可以使孩子身体健康、精神饱满,帮助孩子提高学习效率,让孩子增加自信,提升他在群体中的人气,拉近和同学的关系,运动还可以锻炼孩子的协作精神,为他将来走向社会做准备。这么好的事情,我们家长何不带孩子多去运动运动呢?

女儿上大学后的第一个冬天,北大未名湖的湖面冰场又开放了。有一天,女儿从学校回到家后说,她和一帮同学一起去滑冰了,换上冰鞋她往冰面上一溜,就"惊艳"了全场。看着她娴熟得像风一样在冰上"飘"来"飘"去,许多同学啧啧称赞。原来在女儿的大学同学中,会滑冰的并不多,大家穿上冰鞋后还没动一步,就已倒下了一片,个别会滑的同学,也被女儿远远地甩在了后面。上大学后,女儿时常把一头秀发披在肩上,听她的描述,我可以想象出她在冰面上风驰电掣时美丽飘逸的样子。虽然已经上了大学,女儿还是兴奋地跟我说:"哈哈,老妈,被人夸赞的感觉好美呀！"

其实，最初女儿学习滑冰也挺偶然的。在小学一年级寒假的一天，我带女儿在清华大学校园里玩耍。走到荷塘边的时候，看到许多人在湖面上滑冰，女儿便想一试，于是我们花10元钱给她租了一双花样滑冰鞋。初次穿带冰刀的鞋子，女儿在冰面上根本站不住，更不要提迈开步子滑动了，只要一挪脚立马就摔倒。我不会滑冰就干脆便鞋上阵，几乎成了女儿的拐杖，女儿死死拉着我的手，像个小企鹅一样一点点在冰上迈着碎步。

这时候过来一位热情的阿姨，跟女儿说："姑娘，想滑冰啊？阿姨教你好不好？"女儿看着阿姨，点了点头。

那位阿姨让女儿松开我的手，开始教她如何在冰上站立，如何滑出第一步，应该从什么样的角度滑出去才不会摔跤。说来神奇，经过那位阿姨几分钟的点化，女儿就可以慢慢地滑行了，并在想停下来的时候就能站在冰面上。虽然时不时会摔倒或者直挺挺躺在冰面上，但她依然不屈不挠地学得很认真。那位阿姨很会教小孩，也擅长鼓励小孩。看着女儿的进步，阿姨就夸奖说："姑娘，你年纪这么小，而且是第一次滑冰，就能滑这么好，真了不起啊！"

在那位阿姨的热情教导下，女儿第一次就滑了两个小时，小脸冻得红扑扑的，却乐此不疲。从此，她爱上了滑冰，寒假只要一有时间就去荷塘滑冰，有时还会约上小朋友一起。整个小学期间，每到冬天的节假日，女儿都会到清华的荷塘或者北大的未名湖去滑冰。

虽然没有请教练进行正规训练，也没有学习各种花样滑冰的动作，但女儿在冰上潇洒飘逸的滑行已经能赢得众人的目光。

谁都愿意被人夸，被夸的人内心会充满喜悦、自信满满。

女儿在冰场上心里美滋滋的，而那些活跃在篮球场、足球场上被女生们追捧的小伙子，往往也是个性张扬、倍显力量的。一位朋友的儿子，从小就爱踢足球，上大学后是学校足球队的队员，他说："要说我的自信从哪里来，那就是足球场上。在球场上踢球的时候，听着场外女生的尖叫，那种当'球星'的感觉简直棒极了！"

让孩子习得几项运动技能非常重要，因为将来上大学甚至到了工作单位，这些技能都可能成为他融入集体、融洽伙伴关系的良好途径。当然，运动的好处首推强健身体了。

女儿上小学期间，我们住在清华大学校园里，不仅非常幸运地感受到了清华浓厚的人文环境，那些设施先进齐全的运动场地也让女儿受益匪浅。

2003年，一场可怕的瘟疫——"非典"席卷全国，北京更是重疫区。女儿的学校4月份就开始停课了，一直到6月底才复课，由于没有出入证，孩子们只能在清华校园里活动。为了陪她，我也被迫给自己放假，关在清华校园里两个月没有出门。对于在疾病阴云笼罩下的成年人来说，"非典"是可怕的灾难；但是对孩子们来说感受却大有不同，因为他们可以几个月不用早早起床去学校，也不用被家长逼着去上课外班，在家里听完老师在电视上的讲课并完成老师布置的作业之后，就可以尽情疯玩。因为"非典"夺去不少人的生命，大家都更加珍惜现在所拥有的人、事、物，而看淡了功名利禄，随之也看淡了孩子的成绩，只要孩子高兴，就允许他们去玩。

于是，女儿和她的伙伴就经常活跃在清华大学的西大操场、工字厅外的草坪、礼堂前的小广场上……打羽毛球、滑轮滑、追逐打闹，孩子们度过了异常快乐的两个多月。有那么一段时间，每天晚饭后，我们都会约上几家人一起去运动。家长在空地上打球，孩子们则滑轮滑。清华的老礼堂前有个很大的草坪，围着草坪的则是光滑的水泥路，每天晚上，孩子们就会组成一个轮滑队，绕着礼堂转圈。人多的时候，能有十几个孩子，轮滑鞋在柏油路上"唰唰"的摩擦声、孩子们叽叽喳喳你追我赶的吵闹声，在星空下、月光里，承载着无忧无虑的欢乐在清华园里弥漫。有时候，孩子们也会脱掉轮滑鞋，"抢"来家长们的球拍，打一会儿球；或者，他们也会玩会儿双杠、单杠，在上面翻跟头；跳皮筋则是女孩子们经常做的运动之一。

两个月过后，家长们都发现，孩子们不仅身体强壮了不少，而且每天都精神饱满，这也是让我非常感慨的一点。值得注意的是，其实在那些日子里，孩子们虽然玩的时间很多，几乎每天都做运动，但却没有耽误功课，相反，为了晚上能和小朋友一起出去玩，都会尽快把作业写完，因此学习起来比平时的效率还要高。

非常遗憾的是,"非典"过后,孩子复课了,家长也重新忙了起来,晚饭后再要约别的小朋友一起出去运动就很难了。就算是在周末,孩子的时间也重新被各种各样的课外班挤占,他们很难再聚到一起。为了陪伴女儿,我和先生便会在晚上和周末陪着女儿去运动。晚上我们依然会在清华园里滑旱冰、打羽毛球或者玩单双杠,周末则会带她去爬山等。虽然这些活动依然可以锻炼女儿的身体和意志,但是没有小伙伴的陪伴,她的兴致没有以前那么高涨了。

运动的好处真是太多了。有些体育运动可以锻炼孩子与人协作的能力。许多团队作战的运动,比如篮球、足球、手球等体育项目,孩子在参与的过程中才会明白,只有团队作战才能打赢对方,而只有成员间很好地合作,团队力量才能发挥到最好。女孩组队玩的跳大绳、跳皮筋等活动,也在无形中增加了孩子间互相协作的意识。

从情绪方面来说,运动也是非常好的心情调节方式。孩子在学校里学习了一天或者一周以后,身心都会有疲惫的感觉,这跟我们长时间工作会觉得累是一样的道理。每天运动一会儿,出一身透汗,顿时觉得压力被释放出来,再洗个热水澡,就会神清气爽,重回精神饱满的状态。

运动还可以促进睡眠,提高学习效率。周末带孩子出去做运动,还可以起到"换脑子"的作用,让孩子轻松地投入下一周的学习中。

呼朋唤友好人缘

现在的孩子与同龄人交往的机会有限。很多家庭要么是独生子女，要么只有两个孩子，城市里的楼房住宅结构又很独特。如果是独生子女，回到家关起门来，孩子们面对的就只有父母，而父母的娇宠是无论如何代替不了同伴之间平等的关系的。

在一个端午节的下午，我接到女儿从学校打来的电话，说她的好朋友端端过生日，邀请她去家里吃饭，晚上才能回家。因为那天不是周末，第二天还要上学，也因为过节，我也准备在家里做些好吃的，再加上端端家离我家还有一段距离，我再去接女儿不太方便，于是我拒绝了女儿的请求，要求她回家。听电话里的声音，女儿不太高兴，但还是答应回家。

女儿回家后没一会儿，端端就打来了电话，央求我把女儿送到她家。我告诉端端，我的饭马上也做好了。端端求我："阿姨，您就让李若辰来吧，没有她我觉得没有意思。"听端端说得那么恳切，我就决定把女儿送过去。这时，女儿的情绪也很高涨，欢天喜地地去了端端家。

小学的时候，女儿的人缘就非常好。同学们有什么活动都爱叫上她，一方面是因为玩的时候她总有许多好点子，另一方面，大部分时候她都能响应同学的号召，因为我们总是鼓励她跟同学一起玩。

我和先生是半路"漂"到北京的，初到北京那几年一个亲戚都没有，朋友也并不多，所以女儿打交道的小朋友主要是学校里的同学。为了不让女儿感到孤单，我们总是找机会让她和同学多接触。

女儿上幼儿园的时候，我每天下午接到女儿以后，都会叫几个小朋友到北大西门内办公楼前的草坪上玩个够。所以，那时候女儿有几个非常要好的小朋友，偶尔周末也会相约出去玩，这样过了非常快乐的三年。

上小学以后，班里的许多同学都很忙，周末要被父母带着去上各种课外班。我就利用接孩子的时候，跟班里的家长聊天，了解哪个孩子比较闲，便索要家长的电话相约一起出去游玩。

其实女儿挺幸运的，总是在不同的时间碰到脾气相投的好朋友。

一年级的时候，女儿会在下午放学的时候玩一会儿才回家，上面写到的端端，她的父母也允许她每天下午放学后在操场玩一会儿。于是，女儿和端端成了好朋友，玩双杠、爬杆，玩得不亦乐乎。这俩"发小",直到现在依然联系非常紧密,成了很要好的闺蜜。

二年级的时候,有个叫美琦的小女孩,每周总有一天不上课外班,我们两家人便经常一起出去玩。那时候清华的工字厅、北京动物园、香山等地方,都留下了我们两家人的身影。两年后,美琦因为父母工作的关系转学了,两家相约出游的机会就变少了,但是两个孩子的友谊却没有因此而中断。

美琦走后,班里又从国外回来一个叫依欢的同学。因为是从国外回来的,依欢的父母并不太认同国内的那些课外班,主张让孩子自由成长。于是,女儿又和依欢成了非常要好的朋友,常常在大人的带领下去滑冰、游泳、爬山、旅游。寒暑假,我和依欢的妈妈会带着两个姑娘去远途旅游,如东北的冰雪之旅和海南岛的春体验等。

后来,班里其他孩子也加入到我们组织的活动中,三五家的集体出游也是常有的。我们曾经组织过四个家庭一起去云南过春节,也组织过七个家庭去庐山过暑假,也有过三个家庭一起去山西蟒河的经历,星期天的郊游更是非常频繁。几个家庭一起出去旅游,孩子因为有同龄的伙伴,会玩得很高兴。在彻底放松的玩耍中,孩子的友谊变得更加牢固。小学时候跟女儿一起玩的孩子,大多成了她的"铁哥们儿",至今一直保持着联系。如今独门独户的楼房里出来的孩子,能够成为"铁哥们儿"是非常难得的。

那时候，我们家住得离学校近，女儿便时常会在放学后把同学领回家，一起在我们家写作业，有时小朋友也会在我们家吃过晚饭后才回家。有几个小朋友因为经常在我家吃饭，特别喜欢我做的山西风味的面条，来了会直接提要求："阿姨，咱们今天吃面条吧！"看到孩子在一起玩得高兴，学习效率也高，我便很乐意服务。孩子经常在一起，我也收获了友情，和好几位家长成了亲密朋友。

由于为女儿提供了跟各类小朋友接触的机会，女儿的交往能力和组织能力也逐渐建立起来。低年级的时候，若周末有活动，都由我来联系家长、确定游玩的内容和地点，后来就变成了女儿直接给同学打电话，组织同学进行活动。在学校里，女儿也积极参加班级的各类活动，被老师称为"好帮手"。

"缺少同伴比考试不及格更加可怕"，一位教育专家曾经这样讲过，我非常认同这个观点。孩子的成长就是社会化的过程，而与人交往的能力更是孩子将来在社会上立足的基础。作为家长，我们更多地看到，在社会上"混"得比较好的人，往往是那些人际交往能力强的人。学习成绩固然重要，但是人际交往能力的培养，却是孩子社会化过程中不可或缺甚至是极其关键的一个部分。

现在的孩子与同龄人交往的机会有限。很多家庭要么是独生子女，要么只有两个孩子，城市里的楼房住宅结构又很独特。如果是独生子女，回到家关起门来，孩子面对的就只有父母，而父母的娇宠是无论如何也代替不了同伴之间平等的关系的。这是因为，同龄伙伴之间的交往更加平等，而且孩子的个性各不相同，在与各种性格的小朋友打交道的过程中，他也能认识到自己与他人的区别，培养尊重自己、尊重别人、相互协作、相互帮助的良好品德，学会辨别好坏、美丑等，形成基本的个性特征。

我一直非常庆幸，我们为女儿选择了清华附小，并在她小学期间住在了清华大学的校园里。这为女儿和同学之间的交往提供了非常便利的条件，因为清华附小里的孩子绝大多数是清华大学教职工的子弟，许多都住在清华大学校园里，联系起来很方便。否则，偌大的北京城，孩子要想聚在一起确实是一件非常不容易的事。说到这里，我觉得：划片，让孩子就近入学，非常有助于孩子相互之间的交往，基于这一方面考虑，划片也不失为一种好的选择。

不过，只要家长想让自己的孩子有伙伴，还是不难实现的。北京就出现了几个独生子女家庭组成的"联合家庭"——几个家庭联合，这个星期孩子到这家去生活，下个星期到另外一家去生活；还有些家庭在假期的时候带上别人家的孩子一起去旅行。这些活动的共同目的，都是为了避免因独生子女产生的孩子缺少伙伴的问题。

总而言之，在孩子小的时候，让他多和小伙伴玩，可以克服孩子自私、孤僻等诸多毛病，还可以趁早锻炼孩子的人际交往能力。

02 阅读

泡在书海里

父母为孩子创造阅读的氛围,
孩子就可能喜欢上阅读;
父母为孩子创造看电视的氛围,
孩子就可能喜欢看电视。
对于阅读,家长要做的就是:
"有书读",就是家里要有适合孩子阅读的书;
"读到书",就是要让孩子能够接触到书。

为孩子营造阅读的氛围

希望所有的家长无论身在何处,也无论条件如何,都能为孩子创造一个读书的氛围,做读书的家长,和孩子一起读书,让孩子读好书,陪着孩子一起成长。

听一个做生物研究的朋友说,他的女儿从小就喜欢黏着他,而他又非常忙,回家还要阅读文献、写文章等。他的女儿为了能和爸爸在一起,每当爸爸在书房的时候,她便待在爸爸的身边看书。起初,她看的是一些简单的书,后来就开始翻阅爸爸读的专业书籍,以至于在上中学的时候,她已经读了大量生物方面的书籍,并喜欢上了生物这门学科。高二的时候,她在全国生物竞赛中获得了一等奖,被北京大学提前录取。

突然想到了那句俗语:"龙生龙,凤生凤,老鼠的儿子会打洞。"孩子一生下来就开始寻找模仿的对象,作为接触最多的、也是最亲近的人，父母便成了孩子最早模仿的对象。

女儿小时候，我和先生都非常忙碌，但当闲下来时，我们都喜欢读书，女儿看到我们都在看书，便依样学样，作业做完以后没别的事情也读书。在我家经常会有这样的情景：爸爸在看报纸，妈妈在看小说，女儿在看课外书。每当这个时候，家里会很安静，时不时有哗啦哗啦翻书、翻报纸的声音。这种情景现在回想起来，感觉非常温馨。

先生有个习惯，无论去哪里，随身都带一本书，车上也时常放一本书，遇到堵车或者办事等候，都会看书消磨时间。女儿也有这个习惯，喜欢随手拿一本书，连到饭店吃饭或到医院看病，都会在等候的时候见缝插针看一会儿书。每当这个时候，旁边的人都会夸奖她刻苦。其实，这已经成了女儿的一种习惯，并不是刻意为之，因为读书可以让她充实自己、获得乐趣。

对孩子来说，家庭的氛围非常关键。父母为他创造的是阅读的氛围，他就可能喜欢上阅读；父母为他创造的是看电视的氛围，他就可能喜欢看电视。如果养成了好习惯，孩子终生受益；而养成了不好的习惯，等长大了再想纠正，即使花费很大力气也不一定有效。

要创建学习型家庭，我觉得首先应该创建阅读型家庭。如果家长引导孩子一星期读一本书的话，孩子一年就可以读 50 本书。一个三年级的孩子，如果他所读的书平均每本一万字的话，那他每年的阅读量就有 50 万字。如果孩子阅读的书籍包罗万象，那么这个孩子的知识想不渊博都难，写作文的时候，也不会觉得太困难。

女儿小时候有几个知识面很广的同学，无一例外都是因为家长为孩子营造了一个很好的阅读环境。

一次，我在学校门口接女儿，跟他们班里一个叫嘉伟的男孩的妈妈聊天，她说，她的儿子有时候读书读到放不下手，甚至能读到半夜。因为喜欢阅读科技类图书，所以他每次假期的小制作都有创新，据说他还发明了一种玩具，风行他们班级。嘉伟因为阅读的图书类型偏科技，写出的文章看上去也很大气。

在一个家长QQ群里聊天，有位家长抱怨，他家的孩子就是不喜欢读书，有时候连作业都不好好做。当时，我就简单地在群里对不同家庭做了一个小调查：晚上9点钟，一家三口都在做什么？有人回答：爸爸在打麻将，妈妈在玩电脑游戏，女儿在看电视。也有人回答：要是天气好，一家三口就会逛街。给出后一种答案的是一位女儿在上幼儿园的妈妈，我感觉为孩子营造的氛围也很温馨，牵着爸爸妈妈的手逛街，也是一件很幸福的事情。给出前一种答案的是一位女儿上初一的妈妈，他们家一贯是这样的——晚饭后爸爸就出去玩麻将，妈妈开电脑玩游戏。我个人认为，这样的家庭氛围就不太健康。孩子看到的是爸爸妈妈虽然很忙，但都"不务正业"，给孩子树立的是很负面的榜样。在这种情况下，如果家长希望孩子好好学习，好好读书，孩子的情绪多半是抵触的。

如果爸爸在单位忙工作，妈妈在家里照顾家人，那又是完全不同的情况了。虽然大家都没在看书，但孩子感觉爸爸妈妈是积极向上的，都在努力做自己的事情。那种精神力量，对孩子来说就是一种鼓舞，孩子也愿意听从父母的安排。事实上，我家许多时候都是这个样子，但是当我们都有空的时候，便愿意为孩子树立一个好的学习榜样。

家里能有读书的氛围固然非常好，但是，许多家庭可能没有条件，更多的是父母没有培养孩子的阅读意识。

据统计，我国每年人均阅读量仅为4.5本，是日本国民年阅读量的1/9。在世界各国中，以色列人读书最多，年均每人读书64本；俄罗斯第二，年均每人读书55本；美国也正在实施年均每人读书50本的计划。中国人年均阅读量这么低，应该也跟父母没有培养孩子的阅读意识有关吧！

我是在农村长大的，每年都会回几次老家。现在农村的生活条件改善了许多，很多家庭也已经富裕起来了。但是，许多家庭虽然现代化家电一应俱全，电脑都有了，却很少能看到书。家里如果有上学的孩子，就只能看到几本课本，再也没有其他书籍，就连报纸都鲜有人订阅。可以说，许多农村的家庭不是没有读书的条件，而是父母没有读书的意识。除了这些，目前我国仍有许多农村比较贫穷，孩子们还没有阅读课外书的条件。

现在的考试不像前些年只考课本内容，而是要求越来越宽的知识面和越来越活的思路，而阅读量相对少的孩子显然就不占优势了。让人更加担忧的是，因为阅读贫乏导致的知识贫乏，影响的是整个国民的素质。

全国各地出现了许多读书活动，目的就是增强公民的读书意识。不过，这些读书活动绝大多数是在城市，还不能有效地覆盖农村。对于广大农村缺乏知识的现状，希望全社会能够重视起来，创造条件让更多的父母意识到孩子阅读的重要性，从而提高孩子的阅读量。就算家庭藏书不到位，也应该在农村社区建立图书室，把孩子们从电视、电脑这些"电子保姆"身边拉到书本上来。唯有如此，国民素质才能真正提高。

就算在阅读环境相对较好的大城市，也有让人担忧之处，那就是图书市场太过功利化。这些年，几乎所有书店的中小学生图书中，摆放在最显眼位置的总是琳琅满目的教辅材料，在这些教辅材料前选书的人也是最多的。而那些文化类、科技类的书籍则"门庭冷落"，就算有人买，也远远不及教辅材料热销。购买这些教辅材料给孩子的，正是广大家长。在许多家长的心里，教辅材料才是有用的书籍，因为对考试有直接帮助。实际上，除了考试之外，孩子心灵的滋养、情操的熏陶、知识面的扩展等，都必须有大量的课外阅读来支撑。市场可以功利化，但我们家长却要从孩子长远的发展考虑，让孩子读那些真正能帮助心智成长的书籍，而不是只盯着教辅类图书。

希望所有的家长无论身在何处，也无论条件如何，都能为孩子创造一个读书的氛围，做读书的家长，和孩子一起读书，让孩子读好书，陪着孩子一起成长。

书店是我家的"第二书房"

对于那些工作非常忙碌、无暇照顾孩子的家长来说，与其假期把孩子锁在家里，让他上网或者看电视，不如把他送到环境好一点的书店或者附近的图书馆。我相信，到了书店或者图书馆，大多数孩子都会被吸引。小学生的自我意识还不是很强，习惯的养成要靠父母引导，不如在这时候让他养成读书的好习惯，这将会让他受益终生。

我们一家刚到北京的时候，住的地方离海淀图书城很近，每当天气特别冷或特别热的时候，周末我们一家三口便到图书城里去看书。先生总去昊海楼找他喜欢的书，我和女儿去得最多的是"希望少儿书店"。那是一个专卖儿童书的书店，门面不大，卖的书却很专业，老板也非常细心，在店里放了一些小凳子，来店里的小朋友可以坐下来读书。女儿那时候不识字，是要我讲给她听的。所以，每次一进那家书店，我和女儿就找几本书，然后选一个角落坐下来，我轻声地给她讲，她静静地听。就这样，许多个周末，我们就在书店度过了。现在回想起来，书店老板的模样还非常清晰,对于我们这些到店里"蹭"书看的人,他从来没有微词,临走的时候还会和善地跟我们道别。

那是一段很特别的经历,生活条件虽然比较艰苦,但我们从来没有觉得苦,一家人在一起,总能找到克服困难的办法,而且其乐融融。正是当时的艰苦条件促使我们去书店躲避寒暑,这对于女儿从小就对书籍产生浓厚的兴趣功不可没。人生的每一段经历都会成为自身珍贵的资源,我们真的没有必要怨天尤人,只要努力,任何条件下都可以活得很精彩。

后来,女儿上了小学,我们的条件慢慢好转了,也从小平房搬到了清华校园里一个两居室的楼房里,家里冬天有暖气,夏天有空调。不过,周末去书店看书已经成了我家的习惯,我时不时地还会带女儿去图书城。我们母女去得最多的还是那家少儿书店,女儿依然会坐在小凳上看一会儿她喜欢的书,不过这时的她已经能自己读书,不用妈妈给她讲了。我们每次都会买几本女儿喜欢的书。老板依然很和善,我们临走时还会说:"欢迎再来!"

因为对这家小书店有感情,女儿小学时候所读的书,只要那里能买到,我都从那里买,而且还会推荐朋友去那里。

女儿喜欢到书店看书,因为书店的图书种类更加齐全,书香的氛围更加浓郁。更何况小孩子看的书一般都很薄,女儿一会儿就能翻完一本,就可以再拿一本接着看,如果专注一点,她一上午就能读好几本书。家里买的书再多,也不可能多过书店,而且在书店,每个人都在看书,小孩子很容易受到感染,因此在书店里看书,许多孩子都会流连忘返。

女儿读四年级时的一个周末,我跟一个朋友要去西单办事,就带着女儿和她的儿子,把两个小家伙放到西单图书大厦的少儿图书区,告诉他们在那里看会儿书,我们办完事再回来找他们。当我们俩办完事到图书大厦找孩子们的时候,看到两个孩子席地而坐,每个人手里捧着一本书在津津有味地读着。他们的身边,还有其他的小朋友也像他们一样,有的人面前竟然堆了好几本,看样子是要"大干一场"了。几个工作人员穿梭在孩子们的中间,悉心地整理着这些小家伙弄乱的书架。

因为读了不少书,女儿小小年纪就"满腹经纶",懂得的知识和道理似乎也比同龄人多一些。如今女儿长大了,我们一家对儿童读物的情结却依然非常强烈。

为了让更多的小朋友能读书,并且读到好书,2013年,先生开办了一家环境舒适的社区图书馆,起名叫"第二书房",精心挑选了几万册孩子喜欢的经典和精品图书,供小朋友阅读。课后或者假期,有的家长没有时间管孩子,便把孩子送到"第二书房"。每次去"第二书房",看到孩子在书架旁随意地翻书,或者专注地读着他们喜欢的书籍,我都觉得非常欣慰。

"第二书房"每个月都会统计小会员的借阅量。2015年一月读书最多的三个孩子的借阅量分别为178本、115本和108本。这样的阅读量一定可以为孩子的人生奠定基础。如今,全国各地的少儿图书馆如雨后春笋般开办起来,家长不妨带孩子去那里看书。

有的家长觉得电视节目和手机游戏中也有许多知识可供孩子学习，于是在孩子课余时间，让孩子长时间地看电视或者玩手机。有一种说法，把电视或者手机称为"电子保姆"，我觉得非常贴切，在"电子保姆"的"照顾"下，孩子确实很"乖"，但却会产生其他问题，比如有的孩子看电视多了就会目光呆滞、思维迟钝，而不愿意写作业，也有的孩子网络成瘾，等等。鉴于电视节目和手机游戏的局限性，在孩子小的时候，家长就要引导孩子学会适可而止，比如每天给孩子限定看电视和玩手机的时间，时间到了就要及时制止。

相对来说，读书就是非常好的一种课外活动方式。它不仅可以开阔视野，扩展知识面，培养语感，陶冶情操，还可以提高孩子的智力。孩子在读文字的同时，会充分发挥想象力，把书上的内容转换成图画和影像，这种转化实际就是一种再创造。在这个转化的过程中，孩子的思维能力得到锻炼。读书的时候，孩子的注意力和记忆力也能够充分调动起来。孩子在专注于一本书的时候，是可以废寝忘食的，而且会对书中情节不自觉地进行记忆。也就是说，整个读书环节，孩子锻炼了智力因素中非常重要的想象力、思维力、注意力和记忆力。

书海无涯，书的种类繁多，知识能量丰富，对于求知欲旺盛的孩子来说，能更好地满足好奇心，书店则是一个非常不错的读书场所。

有书读，还要让孩子读到书

阅读的习惯要趁早养成，而阅读的环境对阅读习惯的养成起着非常重要的作用。因此，为了让孩子多读书，家长就要想办法创造一个方便孩子阅读的好环境，不仅让孩子"有书读"，还要让孩子能"读到书"。

我和先生都是从农村出来的，小时候都非常渴望读书，却没有书读。先生常讲，他家所住的窑洞的墙上，每年都要在过年的时候糊一层报纸当墙纸，这些报纸都是公公从他教书的镇上带回来的。于是，先生就从新年开始阅读那些糊在墙上的报纸，到第二年重新换"墙纸"的时候，那些报纸上的内容他几乎能背下来了。

我小时候也没有书可读，哥哥姐姐读过的课本便是我的课外读物，《乌鸦喝水》《太阳山》等故事就是我从大哥小时候的课本上读到的。到现在，那本翻得又黑又烂的书和那上面的插图我依然记得清清楚楚。

正是因为这样的经历,我和先生一致认为要让女儿多读书。因此在日常生活中,买其他东西的时候我们或许会有分歧,对于买书,我们的态度却高度一致。让女儿读书,我们也许多多少少有补偿自己的心理,但女儿却是受益匪浅的。

女儿最早期的读书应该叫"听书"。三岁时,我们从老家把她接到北京,从那时开始,每天晚上我都会给她讲故事。刚开始,每次拿回家一本书,她都要一口气听完才罢休。总是一个故事讲完了,她就用小手翻到第二个故事,让我接着讲。这样,晚上听故事会听到很晚才睡觉。后来,为了保证我们母女的睡眠,我就跟她讲条件:长的故事每天晚上只能讲一个,短故事每天晚上讲两个,头天晚上要是讲三个的话,第二天就不能再听了。女儿为了每天都能听到妈妈讲故事,只好妥协了。

女儿上幼儿园的那三年,每天晚上都是听着妈妈讲故事的声音入眠的。这三年,也被我家戏称为"一千零一夜"。

上小学后,一开始女儿依然缠着我给她讲故事。但我和先生觉得既然上了小学,她就应该自己读书学习了。于是,我们从书店挑了一些带拼音的有趣读物,随意地放在家里的许多地方,比如写字桌、床头、沙发、餐桌,甚至地板上也时不时地放一本书,目的就是让女儿注意到这些书。起初,小家伙熟视无睹,慢慢地她就开始在没事的时候翻那些散在各处的书了。到后来,女儿随手就会拿起一本书来读,而且很快就会被书的内容所吸引。

至此，我和先生的目的算是达到了。

小孩子都是喜欢读书的，毕竟书里的世界很新奇，可以满足孩子天性里的好奇心。家长要做的就是：一要让孩子有书读，二要让孩子读到书。"有书读"，就是家里要有适合孩子阅读的书；"读到书"，就是要让孩子能够接触到书。只有这样，孩子的阅读兴趣才能慢慢培养起来。而且因为家里到处都是书，孩子被书吸引的可能性就大大增加。只要孩子喜欢上读书，电视和手机对他的吸引力就会大打折扣。

这样，女儿到二三年级的时候，写完作业后就读一会儿书。自从喜欢上读书以后，家里若是没有新书读，她就会觉得不舒服，会去向同学借书看，或者把之前看过的书找出来重新读一遍。为了满足她阅读的欲望，我们只得源源不断地买书。卫斯理的科幻系列、金庸的武侠系列、琼瑶的《还珠格格》、国外的《可怕的科学》等，甚至到六年级的时候，她把《飘》《简·爱》《西游记》和《红楼梦》等经典名著也看了。

通过读书，女儿的知识面越来越宽，时常在课堂上语出惊人，深得老师的喜欢和同学的仰慕。因为阅读量大，女儿还写得一手好文章，作文时常被老师当成范文在班里传阅。因为时常能够尝到甜头，女儿越发喜欢读书了，读书的习惯在小学时候就被巩固下来，书也成了伴随她最多的贴身伙伴。

课外阅读可以很好地补充课本知识的不足。这点我和先生深有体会，因为小时候条件的限制，我们的阅读量很少，到了上大学的时候，脑子里装的只是课本知识，跟那些城市里长大的同学相比，感觉知识非常贫乏。其实，现在许多从小地方考出来的孩子，由于课外阅读的缺乏，依然存在同样的困扰，这不能不说是家庭教育的缺失。功利一点地说，读书多的孩子在考试方面也会"沾光"，如今中考和高考的题目都很灵活，已经不是过去那种死读课本就能取胜的年代了。

说到让孩子读到书，我的一个朋友的做法也非常值得借鉴。她家的客厅很大，却没有放电视机，而是把电视机放在客卧里，成了备用设备，她的先生需要看新闻的时候就去那里。她把通常摆放电视的那面墙做成了书柜，书柜的上面几层放的是大人阅读的书，下面几层是小孩子阅读的书。书柜下面铺了一块大大的地毯，孩子可以很舒服地坐在地毯上看书。这个布置非常别致，也非常有效。我几次去她家，都看到她的女儿坐在地毯上认真地看书，感觉非常温馨。她的女儿在求学之路上各门功课成绩都非常好，文章也写得不错。

经常听一些朋友抱怨自己的孩子总是玩电脑游戏或者看电视，而不喜欢看书，到他的家里看看就明白原因了：家里有各种高科技的电子产品，书却少得可怜。这真的不能怪孩子，只能怪家长没有给孩子一个读书的环境。孩子毕竟是孩子，他的小脑袋一片空白，大人如何引导，他就会如何去做。

还有一些朋友家里虽有许多书，却在书柜里码放得整整齐齐的，孩子都长大了，书还是新的没有看过。这些朋友说，从孩子小时候家里就会买许多书，每天都告诉孩子要去读书，但孩子就是不喜欢读。我感觉这也怪不得孩子，书放在书柜里虽然整齐，孩子却够不到。而且小孩子的主动意识本来就差，你把书放在他平日看不到的地方，你告诉他一次，他也许会拿一本看；以后你不说，他也许就不会看了。其实孩子不是有意逃避，是根本想不起来。这样的家庭，如果没有诱惑孩子的电脑、iPad或手机等，孩子也许会对书感兴趣，如果书房之外便是这些吸引他的东西，那书的诱惑力就太逊色了。

挑选适合孩子阅读的书

要满足好奇心，孩子需要读更多的书；要学习知识，孩子需要读更多的书。满足孩子读书的渴望，家长责无旁贷。然而，如何给孩子买书并买到适合他阅读的书，则要家长花一番心思。家长开动脑筋，肯定能想出好的办法，为孩子选到适合的书籍。

女儿上大学读了中文系以后，第一学期有一门课程专门学习汉字，先生从书房里拿出一本《细说汉字——1000个汉字的起源与演变》送给女儿，女儿读罢赞不绝口。说来好笑，这本书是先生在女儿上小学后不久就买回来让女儿读的，女儿却一直不愿意读，后来我就把书放到了书柜里，没想到女儿上大学倒派上了用场。

这本书的介绍是这样的：

全书以1000个有代表性的常用汉字为例，分别说明了它们是如何由甲骨文、金文向小篆、楷书、简化字演变的；同时通过形体分析，具体地解释了每个字的字形与字义的内在关系；还以古代诗文中的例句为证，述及了每个字的本义、引申义和假借义；并对某些容易认错、读错、用错的字，分别从形、音、义等方面做出比较，指出产生错误的原因和纠正错误的方法。该书有助于提高读者阅读古代诗文和正确使用文字的能力；对从事语文教学的人来说，也是一本很有实用价值的参考书。

从介绍可以看出，这是一本学术性很强的专业图书，不适合小学生阅读。我当时也向先生质疑过这一点，他认为，小学生刚开始学汉字时，要是我们能配合女儿的学习，跟她讲解汉字的来历，一定可以帮助她更好地学习。但实际情况是，这本书拿回来之后，我和先生看得比较多，孩子根本不喜欢，而且我们给女儿讲，她也不愿意听。

其实，像这样的情况挺多的，往往先生为女儿买回来的书，她不怎么爱读，而我为女儿选的书，她则大多很喜欢。为此，我常笑话先生不懂孩子的心理，先生则笑我心智不成熟。

后来我们分析了一下，原来先生买书大多侧重于知识性、实用性，也就是所谓的"有用的书"，而我更看重故事性、趣味性和生动性，所谓"好看的书"。女儿之所以喜欢读"好看的书"，而不喜欢读"有用的书"，取决于她的心理和思维的发展。小学阶段，孩子的思维从具体形象思维向逻辑思维过渡，尤其是小学低年级阶段，孩子的逻辑思维在很大程度上受具体形象思维的束缚，他们的逻辑推理需要依靠具体形象的支持，甚至要借助图形来解读抽象概念，这就是为什么小学一二年级的数学课本也有许多图片的缘故。这个阶段的孩子对图文并茂的图书，甚至对没有文字的漫画书都很有兴趣，依靠具体的形象来理解文字里的内容，或者纯粹看图就能解读出属于他们自己的道理来。而我买的那些书正好符合孩子的胃口，所以女儿比较喜欢读。

女儿刚上小学的时候，我并不懂心理学，因此买书的时候，如果女儿不在身边的话，我往往靠直觉。若是领着女儿去书店，选书就容易多了。我们经常带女儿去书店看书，女儿识字以后，就自己在书店的架子上翻来翻去，最后拿一本书坐下来阅读。我一般都会跟在女儿的身后，看她对什么书更感兴趣，然后再根据我的判断选择更加适合她的书。这是非常有效又简单的招数——投其所好，这样买回去的书女儿一般都很喜欢。

一年级的第二学期，有一次我和女儿逛书店，我发现她盯上了一本《小学生智慧快餐》。我翻了翻，这是一套书，书里的文字是带拼音的，内容都是些浅显的小故事，每个故事里也有一两个简笔画的小插图，而且故事讲的是小学生各科的知识，连数学题都是用故事的形式表达出来的。我觉得趣味性和知识性都很强，女儿也喜欢，就抱着试试看的心情，买下了这套书。

回到家，我试着给女儿讲了里面的几个故事，女儿特别喜欢。第二天放学回到家，女儿就抱着书看起来了。一开始看得很慢，因为大多数字她都不认识，要先读拼音，然后再连成完整的句子。没过几天，我发现她的速度就快了起来，并不是认的字多了，而是读拼音的速度加快了。而且，这之后女儿读书的热情一发不可收拾。随后我们又给她买了几套漫画，如《父与子》《加菲猫》《史努比》等，也买了不少带拼音的故事书。仅仅一个学期下来，女儿的阅读量和知识面就有了突飞猛进的提高。

现在书店里的少儿图书林林总总，家长有时候无法甄别什么样的书适合孩子。而且就算摆放在"少儿图书"架子上的书，也不见得就适合孩子阅读。在这种情况下，我们不妨观察一下孩子，看看吸引孩子的到底是什么样的书籍。追随孩子的目光给孩子买书，也可以说是站在孩子的角度考虑问题，尊重孩子的选择。只有满足了孩子的需求，效果才会好。

给孩子选择好的课外读物，还有一个办法，那就是留心孩子的同学都在读什么书。

女儿上四年级的时候，她的同桌是个非常喜欢读书的男孩，女儿常从他那里借书回来读，比如"可怕的科学——经典科学"系列中的《丑陋的虫子》《植物的咒语》，女儿看得非常带劲。有一天女儿睡觉后，我翻了翻她读了半截的《杀人疾病全记录》，觉得非常不错，第二天就在网上购买了一整套。当女儿看到我给她买了全套的书后非常高兴，并在很短的时间内阅读了绝大部分。

"可怕的科学"系列丛书，内容丰富、语言风趣幽默、插图夸张形象，读这套书，孩子们不需要枯燥地记忆，在轻松愉悦的状态下就可以学习各种知识。那一阵子我总能看到女儿一边读书，一边咯咯地笑。我后来推荐给不少朋友的孩子阅读，反映都非常好。

通过女儿小学几年的读书，我有一个小小的发现：给孩子读漫画类的书，一定让孩子阅读一些经典的，比如《父与子》《史努比》《三毛流浪记》等，有些漫画书虽然孩子喜欢，但不宜让孩子阅读。

有一段时间，女儿特别喜欢动漫类的书籍，周围的同学也都在传阅。但是，那一段时间我发现女儿的作文写得不是那么好了，最大的问题是句子不连贯，而且时不时在文中蹦出一两个象声词，比如"砰""啪"等。刚开始我还挺纳闷的，后来发现都是那些漫画书惹的祸，因为漫画里几乎没有连贯的文字内容，只有图片中一些简短的象声词和人物的大叫等。女儿看得多了，就在自己的作文中也出现了这样的词语。我觉得这一点不太好，就把女儿作文中的这种现象跟她的语文老师进行了交流，老师也有同感。后来我就给女儿买了其他内容的图书，过了一些日子，女儿作文中的"漫画语言"逐渐变少。

报纸杂志，鲜活的知识

课外阅读非常重要，这一点毋庸置疑。如果说大部头的著作是山珍海味的话，那么报纸杂志就是餐桌上的小菜，相比较，后者必不可少，对孩子来说更容易消化，且不失经济实惠。

作为过来人，每当有人问我孩子平时该读些什么时，我总是告诉人家，每天让孩子读读报纸是非常有必要的。我的女儿从小读报，受益匪浅。

我和先生来北京后一直订阅《北京青年报》，先生每天回家很重要的一件事就是看报纸，而且看得很细，我有时候在心里嘀咕："难不成要把报纸看透？"女儿上幼儿园时，因为想让爸爸陪她玩，所以总是从爸爸手里一把抢过报纸扔在一边，嘴上还说："又在看报纸了！" 我估计女儿的话是从我那里学来的，有时候我忙家务，看到先生总在翻看报纸，会忍不住说一句，结果被女儿拿到"版权"，对付她老爸去了。

女儿上小学后，开始识字。一年级的时候，她很喜欢在爸爸妈妈看报纸的时候趴在报纸上挑她认识的字读，数自己到底认识了多少字。就这样数着数着，突然有一天，我发现她不再是数认识的字，而是开始阅读报纸上的内容了。

大约从二年级开始，女儿几乎每天都看《北京青年报》。从一开始的只看C版漫画、"找不同"以及数独，到阅读一些发生在身边的小故事，慢慢养成了读报的习惯。那时候我每天取回报纸来，就放在一进门的鞋柜上或餐桌上，女儿放学回家，放下书包就开始读报纸。她看到精彩的地方，还会兴高采烈地和我们交流。

因为读报，女儿思考问题的角度总是很不一样，在同学中的表现也很突出，老师说她的观点总是很新颖，而且比其他同学知道得多。我非常清楚地记得女儿上四年级时，她的班主任跟我说过一句话："你女儿很了不起呢，课堂发言竟然把国家领导的话都用上了。"我和她爸猜测这应该是女儿在报纸上看到的，结果在课堂上派上了用场。

还有一次作文课，老师让孩子们讲讲自己认为最近一周发生的有意义的事情，不少小朋友讲的是身边的事情，比如周末去了外婆家或者跟着爸妈出去玩了。女儿站起来说："我觉得最近发生的重大事件是'神舟五号'上天了。杨利伟和'神舟五号'刚上去的时候，我还挺担心的，因为美国的'哥伦比亚号'曾经出事，7名宇航员遇难了。如今'神舟五号'安全着陆，我的一颗心也放下了。"那次作文课，我正好坐在教室后面听课。课间老师就问我，女儿是从哪里知道"哥伦比亚号"，并且还知道7名宇航员遇难的。因为那几天报纸每天都在报道"神舟五号"的相关新闻，也用大量的篇幅介绍航天知识，女儿大约也是从报纸上了解到那些内容的。

初高中时，女儿读报就开始关注国内外大事了，且时常会发表她的见解，有时候就一个问题能和爸爸争得面红耳赤。中学后开始写议论文，女儿写的文章里常会引用最鲜活的时事，给文章增色不少。分科后，她学文科，学起文综来也非常轻松。现在的文综考试，不单单考课本上的东西，更重要的是考查分析问题和解决问题的能力，很多时候和现实结合得很紧密。这时，读报的优势就更加明显了。

此外，我特意让做编辑的朋友送给女儿一份《精品购物指南》。这是一份非常时尚的报纸，我之所以让女儿看，就是为了让她了解一些时尚的东西，开阔视野。而且作为女孩子，紧跟潮流没有什么不好，我实在不想让她成为一个只会读死书却不会穿衣打扮的现代"out"青年。事实证明，她长大后穿衣品味多少受到了这份报纸的影响，看上去真的活泼靓丽、青春阳光。

优质的家庭教育应该充满许多"润物无声"和"无心插柳"的过程，我家便是如此。我们一开始并没有特意让孩子看报纸，一切都是在自然而然中慢慢进行的。我要说的是，家长作为榜样的力量真的很大，正是因为我和先生每天都看报纸，女儿也就依样学样，养成了读报纸的好习惯。报纸上的内容都是发生在当下的事情，孩子通过报纸了解的都是非常鲜活的时事，这无疑就是发生在身边的"历史"和"政治"。读报可以让孩子"家事国事天下事，事事关心"，我想这应该是教育的高境界。

除了报纸之外，为孩子订阅几份好的杂志，也是拓展孩子知识面的有效手段。

订阅《北京青年报》时，都会有几份赠品让读者选择，一直以来，我们都选择全年的《读者》杂志。《读者》的文章虽然朴实，却都是真实感人的故事或精辟深刻的哲理美文，从中还可以学到不少人文方面的知识。喜欢上《北京青年报》的同时，女儿也跟着我们开始阅读《读者》杂志。《读者》可以说是我们一家共同阅读时间最长的书。每期《读者》一进家门，大家总是争相阅读。

女儿起初只看浅显易懂的"幽默和笑话"，后来开始读其中的小故事，逐渐地才每篇必读。有了这个共同的阅读背景，《读者》里面的故事和观点便成了我们一家经常谈论甚至争论的话题。女儿上初中后，老师特意叮嘱要订阅《读者》杂志，而那时候，女儿已经有好几年的读龄了。女儿的文笔很朴素，文章却充满了真情实感，就是受《读者》熏陶的结果。

除了《读者》之外，小学六年中，我们还为女儿订阅了她从小就喜欢的《米老鼠》，还有《儿童文学》《少年文艺》等适合小学生阅读的刊物。《中国国家地理》本来是我和先生非常喜欢的一份杂志，没想到女儿也特别喜欢，而且受益于此，她上高中时文综的地理就学得非常轻松。《博物》是《中国国家地理》出版社特别为青少年推出的一份科普杂志，女儿从小学六年级到高中毕业，一直都在订阅。

与图书相比，杂志里都是比较短小、独立的文章，孩子很快就能读一篇，使还没有能力长时间集中注意力的孩子不致产生厌烦之感。像《米老鼠》《读者》这样比较轻量级的杂志，女儿一般一口气就看完了，成就感得到了极大的满足，还不会花费很多的时间。而最关键的是，杂志上的知识能够很好地弥补课本知识的不足。《中国国家地理》和《博物》杂志，在小学可以成为自然、科学课的补充材料，这样从小打好的知识基础，在孩子上了中学后，对生物和地理的学习便会有很大的帮助。读杂志，对于写作更是益处多多，多多借鉴别人的文章，必然就能词汇丰富、语言流畅。女儿小学时每次写作文，总是写得又快又好，不像有的孩子非常发愁写作文，一篇文章要憋两三个小时。这难道不是读杂志的功劳吗？

被翻烂的"百科全书"

如今互联网的搜索功能已经非常强大,作为每天使用电脑和手机的成人,我们也许觉得纸质的工具书有些多余。但是,对于尚未广泛接触网络的小学生来说,手头还是应该有一些工具书,以备随时查阅。

我们刚到北京的那几年,先生时常在业余时间写一些文章发表在报纸杂志上,拿到稿费后总是直奔海淀图书城去买书。我记得非常清楚,先生在北京拿的第一笔稿费是100元,拿到稿费后,他第一时间就直奔海淀图书城,为女儿买了一本图文并茂的《最新21世纪少年儿童百科》,定价正好也是100元。这是我们"觊觎"很久的一本书,当时觉得太贵没舍得买。我们之所以喜欢这本百科全书,是因为女儿每天总有问不完的问题,有时候问得我俩哑口无言,需要工具支持。比如停电了,我们点上蜡烛,她盯着火焰问:"蜡烛的火焰怎么一截蓝一截红啊?"去自然博物馆,她会问:"地球上的第一个人是怎么来的?"看到一群蚂蚁步调一致地搬运东西,她会问:"蚂蚁们为什么那么团结呀?"……对我们的回答,她有时候很满意,有时候不满意,过几天还会再问同样的问题:"妈妈,我还是不明白……"由于我俩知识储备有限,很多问题根本就答不上来,而那时候互联网也没有普及。

这本书买回来以后,我和先生如获至宝,只要女儿再问到难解的问题,我们就赶紧去查阅。书里有"动物世界""植物世界"等十几个板块,覆盖面很广,基本能满足女儿的需求。久而久之,当我们回答不上女儿问题的时候,她便提醒我们:"你们可以翻翻书呀。"上了小学以后,女儿开始识字,遇到问题会主动去这本"宝藏书"里找答案。

女儿上二年级时,一天我们一家去爬山,在路上看到许多漏斗样的小土坑。女儿很好奇,就蹲下来观察,还问这是什么。我是在农村长大的,小时候常见这东西。这是一种小虫子,它会用自己的嘴把土磨细,造一个形似漏斗的窝,然后躲在"漏斗"底部。我小时候经常会连窝带虫一起抓出来,小虫子在手心的土里爬来爬去,感觉痒痒的,非常有意思。因为小虫子造窝的时候是倒着行进的,我们都叫它"老妹倒倒",常常一帮小朋友围着小"漏斗"扯着嗓子喊着"老妹老妹倒倒……",看小虫子冒出来。

女儿听我们讲得不亦乐乎,好奇心被调动起来了,要带一只回家仔细观察,想弄明白这虫子究竟叫什么、有什么习性。于是我们把小虫子连同它的窝一起放入一只空的矿泉水瓶里，带回了家。一回家，女儿就急忙翻看她的百科全书，在"动物世界"部分，她一页一页地找，终于在"土中的生物"一节中，通过一张小小的图片和几行文字知道了这虫子原来叫蚁狮，是蚁蛉的幼虫。因为是科普类图书，每一个物种的篇幅都非常有限，往往是一个页面介绍好多种动物，短短几行字根本无法满足女儿的好奇心。因此女儿就翻阅《辞海》等其他工具书，总算把蚁狮这种昆虫弄得比较清楚了。原来蚁狮以蚂蚁为食，漏斗形的窝就是捕捉蚂蚁的陷阱。当蚂蚁爬到窝边的时候，一不小心就会滑落到"漏斗"的底部，觉察到动静的蚁狮就会钻出来捉住蚂蚁，吸食蚂蚁的体液，再猛地一下把蚂蚁的壳抛出去。

弄明白这些后，女儿每天放学就去捉蚂蚁喂养这只蚁狮，直到蚁狮变成了蚁蛉。同时，她还写了很长的观察日记。在女儿写的随笔里，动植物占据着大部分内容，她的作文写得好也与她喜欢观察动植物，对周围的一切都充满好奇心有很大关系。

蚁狮事件之后，女儿更加喜欢这本百科全书了，在外面看到不认识的东西，回来都要查个究竟，时不时地翻看那本书，让她积累了不少关于动植物的小知识。在女儿小学还没有毕业的时候，那本书就被翻得书皮都掉了下来，书页也有脱落。可惜那个时候印有实物图片的科普读物不是很多，当对某种动植物发生兴趣的时候，书里可能就只有一张图片外加几行字，还有的根本找不到，无法满足女儿的好奇心，也影响她趁着兴趣向纵深探究的热情，最多停留在知道这个叫什么、那个叫什么的阶段，无法激发她提出更多的问题。

一次，我在厨房淘米，发现罐子里的大麦长虫子了，便叫女儿过来看。女儿看到那个黑黑的、比麦仁还小的虫子，脱口而出："象鼻虫！"由于女儿经常看"昆虫"一节，一眼就认出了麦虫是一种象鼻虫。她兴奋极了，因为之前只是看图片，现在终于见到了活生生的象鼻虫。她还请求我不要倒掉那些麦仁，允许她饲养。小孩子都喜欢观察身边的蚂蚁、蚯蚓，对动植物天然亲近是孩子的天性。读过有真实照片的图书，就可以立即联系起来，加深理解。

小学阶段，女儿的知识面较班里同龄人广，也比较有"学问"，那本儿童百科功不可没。同时，她还经常查阅一些辞书，比如《辞海》等。无论是读课外书还是查工具书，家长的参与和支持都是很重要的。试想，如果先生当时没舍得花"巨资"买回书，如果遇到问题的时候没及时查阅，孩子的好奇心就无法满足，也意识不到图书的重要性，体会不到阅读的乐趣，书的利用价值更是无从谈起了。先有好书，再用好书，不仅要舍得花钱，更要愿意花心思。直到现在，我们都很庆幸当时的决定，后来也证明不管什么东西，没有贵不贵，只有值不值。

女儿小时候，我和先生曾戏称她是我家的"十万个为什么"。孩子对世界充满了好奇，而且天生具有强烈的求知欲，他们的小脑袋里始终装着各种各样的问题。面对求知欲无比旺盛的孩子，做家长的就是知识再渊博，也不可能什么都懂，不可能回答孩子所有的问题。因此，我认为非常有必要准备几本工具型百科全书，以便在孩子提出无穷无尽的问题时，能和孩子一起寻找答案。在这个过程中，孩子通过刨根问底的探究，好奇心被满足了，在自己动手解决问题的同时，成就感也被满足了。而对于一个小孩子来说，好奇心和成就感的满足，正是提高学习兴趣的法宝。

为小学生选择课外书时，应该考虑可读性和趣味性。如果是科普类读物，还要特别注意科学性、系统性，因为不严谨的科普读物容易误导孩子对客观世界的理解。这几年，家长们口口相传的《真实的大自然》系列丛书就是很特别的一套书。每本书只介绍一个物种，与该物种相关的信息能得到详尽的呈现，充分满足了孩子的好奇心，还有利于引导孩子对兴趣和知识的进一步探索。现如今，我们越来越知道迁移能力比专业知识更重要。百科全书作为工具书，涉及到的信息大多是相对独立、碎片化的，而这套图书强调物种之间的相互联系。还有很多开放性的思考题，潜移默化地培养了孩子问问题的能力，既可以日常阅读，也可以作为工具书。现在有这么多优质的好书，孩子们真的太幸福了。

总而言之，选择图书的时候要考虑内容是否系统，图片是否真实，文字是否充满童趣而又不失严谨，是否可以激发孩子的好奇心，是否可以点燃孩子探究世界的欲望，并且应该尽量选择纸张品质好、装帧方式人性化、便于阅读的好书。

穷人家的孩子也能有书读

想让孩子读书,条件不好没有关系,毕竟办法总比困难多。像我家那样买旧书是一个选择,到图书馆借书也是一个选择,当然还会有更多的选择,只要大家愿意去找,就一定能解决问题。

女儿上三年级时,一天晚饭后,我在厨房收拾碗筷,女儿在厨房外面过道的书架上翻书。突然她问道:"妈妈,李依宁和王一凡是谁?"听着这两个陌生的名字,我就告诉她不认识这两个人。女儿又说:"那这两本书上怎么分别写着这两个名字啊?"我擦了擦手,仔细翻了翻那两本书,看了看那两个名字,终于想起来是怎么回事了。

那是我们初到北京的时候,手头特别拮据,但大家都有读书的愿望,尤其是孩子,每天吵着要妈妈讲故事给她听。而书店里的新书太贵了,我们每个月的收入支付完房租、孩子的入托费,再加上一家人的生活费之后，根本就没有节余，哪里还谈得上买书！

　　为了克服家里没书的困难，我们会带女儿在海淀图书城的书店里度过周末。那时候我们住在一间简陋的平房里。冬天时，蜂窝煤炉子拼命烧也无法把四壁透风的小屋子烧热，我们在家里还要穿着棉袄御寒。夏天则因为只有一个窗户通风，屋子里就跟蒸笼似的。为了降温，我们就把可乐瓶里灌上凉水，让女儿抱在怀里，可是不久可乐瓶也变得热乎乎了。因此，对那时的我们来说，在书店看书的好处就是冬暖夏凉，学到知识的同时还享受了生活。

　　虽然周末在书店里可以看不少书，但求知欲极强的女儿回到家里也闹着要看书，作为父母的我们面对昂贵的书价只能望洋兴叹。

　　有一天先生下班回家，从公交车上下来时，惊喜地发现有人在车站附近卖旧书。这些旧书里的儿童读物很多，虽然都是别的孩子看过后卖给收废品的，收废品的又以低价卖出，有的还缺页，但比书店里的要便宜许多。比如，一本《米老鼠》杂志，定价7.8元，在那里只卖1元；一本《世界经典童话》定价13元，在那里只卖3元，如果讨价还价还可以更便宜些。先生如获至宝，第一次就花10元钱买回来一大摞书，大多数的书上都写着原来小主人的名字。女儿看到爸爸为她买回来那么多书，高兴得手舞足蹈，从此她就不断有"新"书看了。每当从幼儿园回家后，她就趴在那些书堆里翻啊翻的，求着我给她讲书里的故事。通过那些书，女儿知道了灰姑娘、睡美人、米老鼠和唐老鸭，以及史努比。直到六岁上小学，那些旧书伴随着女儿长大，在被窝里讲旧书上的故事成了我跟女儿最好的交流，每天晚上她都在我讲的故事里进入梦乡。

后来搬家的时候，我们把那些女儿翻了不知道多少遍的旧书中的大部分当废纸卖掉了，只剩下一些我们认为她还要阅读的摆在书架上。没想到上三年级的女儿竟然对那些旧书又产生了兴趣，于是才有了上面问我那两个陌生名字的事。

我坐在小凳子上，像小时候讲故事一样，把这些都讲给女儿，告诉她许多过去的事情。她认真听我讲着，总是若有所思的样子，问了许多她不懂的问题，比如为什么那个时候爸爸妈妈连一本书都买不起，为什么那时候挣钱那么少而现在挣得这么多，怎么才能挣钱多，等等，我都耐心地一一解答。末了，她说了一句："没想到一个买别人看过的书来看的人，可以过成现在这个样子，我真是没有想到。"那时候先生已经开了一家小公司，而且做得很有起色，我们也租住了清华的一套两居室。我们的生活条件已经改善了许多，女儿想看什么书，我们也会及时买来给她看。

在女儿幼小的心灵里，对有钱没钱的概念很模糊。在她心目中，哪怕是住在破旧的小屋里，只要爸爸妈妈在，那就是最温暖的家；只要爸爸妈妈在身边，她就是最幸福的；只要拥有爸爸妈妈的爱,她就是最快乐的。

上了高中后,她回忆初到北京租住小平房的时光时,用欢快的笔调写道:

12年前,扎着"朝天辫"的我跟随爸妈来到北京,第一个落脚点便是一零一中学门口这座小院。租下一间8平方米的小屋,开始了与从前在老家完全不同的生活。从那时起,小院这一方天地,成了3岁的我的乐园,每一个角落都映着我奔跑跳跃的影子。古旧的院门,砖瓦堆砌成简单的几间小房,院中枣树、椿树、杏树相互掩映。这个小小的院子,深埋着我数不尽的快乐回忆和那一段单纯天真的童年。

孩子的要求很低,只要父母给她足够的生理营养和心理营养,就会茁壮成长。而且我和先生认为,我们给孩子买的那些书虽然看上去旧了点,知识却是全新的。

有一次,我在给家长们讲课的时候,特意提到一定要让孩子多读书。有位家长课后就跟我说,他的孩子也很喜欢读书,可家里条件不是很好,买不起书给孩子看。我便把我家的故事讲给他听,他很释然地笑了。

孩子一生下来就对世间万物充满好奇,会不断探索研究。借助书籍让孩子找到答案,是非常好的解决办法。对于条件差一点的家庭来说,要想帮助孩子读书,在旧书摊买便宜的二手书,无疑是非常好的一个方式。

女儿小时候能读到许多书,还得益于我所在的工作单位。来北京后,我进了一家教育软件公司做编辑。公司有个小型的资料室,除了专业的教育理论图书,还有许多少儿图书,员工都可以随时借阅这些图书。为了更好地工作,我经常阅读教育理论方面的书。也就是在那时,我读了不少中外家庭教育的专著,让我在教育女儿的过程中多了一些理智,少了一些迷茫。

而那些少儿图书,我则经常借回家给女儿看。公司的少儿图书都是同事到各大书店精心挑选的,多是图文并茂、印刷精美的铜版纸图书,每一本都很贵。我每次向资料室的老师借阅时,都跟她保证一定会好好爱护。每次把这些书借回家,我也会向女儿郑重说明,女儿很听话,很小心地爱护这些书。

也许是视觉上比较舒服,相比较那些从旧书摊买回来的旧书,女儿更加喜欢这些借回来的、质量好的新书。所以每次一借回来新书,女儿都要求我赶紧给她讲,有时候一个晚上会读完一整本书。后来我实在累得不行,就跟她约定每天读多少页或者读几个故事,任务完成便睡觉。不过,为了女儿能多读一些书,我也尽量快一点给她讲,这样可以再给她借其他书。那时候我借回来的书,除了童话、寓言故事外,还有许多是动植物知识方面的。有些过于深奥的知识,我都会转换成通俗的语言讲给她听。女儿提的问题非常多,总是我一边讲,她一边问。现在印象最深的情景就是,我靠在床头,拿着一本书,她倚在我怀里,静静地听我给她讲解，遇到不明白的地方，便指着书里的图片发问。

这样读书后，有一个非常神奇的效果，因为经常给女儿阅读那些图文并茂的关于动物的图书，女儿对昆虫产生了浓厚的兴趣。有时候看到一个小小的虫子，她竟然能叫上名字来。有一次，我们和另外一家人一同出去旅游，在一片稻谷地里，女儿手里捧着一个芝麻粒大的绿色小虫子，跟我说："妈妈，这好像是一只小小的蝉啊！"正好那家小孩的爸爸是研究昆虫的专家，他一看，说就是蝉，是一种叫作"叶蝉"的小昆虫。

可见，读书对孩子探究世界的帮助是多么大啊！

到现在为止，我都特别感谢我工作过的那家教育软件公司，那间小小的资料室，还有那位满头白发的资料室管理员杨老师。在我刚到北京打拼的时候，在我最需要给女儿精神营养的时候，他给了我那么大的支持。

对于像我们一样，初到北京时经济条件差，却想尽量满足孩子读书愿望的家庭，借书是既方便又经济的方式。一般的图书馆都设有少儿图书阅览室，不少地方还建有专门的少儿图书馆，完全可以让孩子到图书馆去借书阅读，只需要办理一个借书证，几乎不用花钱，便可以弥补买不到书的遗憾。最近这些年，也有不少社区建立了小型的少儿图书馆和阅览室，孩子们可以更加方便地就近读书了。

有人说："让孩子养成读书的习惯，就好比为孩子安装了一台发动机。"这句话说得非常经典。我觉得，这台"发动机"的安装要尽早。从小养成阅读的习惯，不仅可以丰富孩子的知识，而且可以提高孩子的学习能力。读书多的孩子理解能力强，不仅语文成绩好，对理科知识的学习也有非常大的帮助。女儿从小到大学习成绩一直处在班级中上游，到高二、高三的时候能够脱颖而出，最终考入北京大学，我感觉就是因为她从小积累了大量的阅读知识，最后达到了厚积薄发的效果。

妈妈的"下水"作文

一二年级的孩子还有许多字不会写,文字表达能力也不够强。在这个过程中,家长只是助手,不给孩子任何建议,而是充分调动孩子的想象力和创造力,"写"出完全属于孩子自己的真实的作文。

女儿第一次写的看图作文,寥寥几笔,幼稚却充满天真的童趣,语言也算流畅,或许出于妈妈对孩子天生的偏爱,我觉得非常好,竟有些爱不释手。所以,从女儿的第一篇作文到高中所有的文字,包括日记、周记和随笔,我都一一珍藏了起来。她上高三的时候,我和先生把这些文字整理成册,印刷成书,取名为"缀叶集",并在她的成人仪式上作为成人礼物送给了她。捧着凝聚着爸爸妈妈的爱心,并见证着自己18年的成长和心路历程的成人礼物,女儿拥抱了我们,感动得直掉眼泪。

后来女儿如愿考上了北大中文系,有个来讨经验的朋友好奇地问我："你是如何指导女儿写作文的啊？"我一时语塞，在脑海里搜索了半天有关"指导"女儿写作文的情景，却没有想起来。

印象中，女儿从小学二年级开始，就在学校里写简单的看图作文了，于是在家里我也试着让她写日记。学校里的作文由老师来管，是有硬性要求的，而家里的日记我便随她，告诉她有感觉的时候就写出来，没感觉不用强求自己。这样看来，我好像并没有刻意"指导"过女儿写作文。

然而，有一次我在整理女儿过去的东西时，看到了女儿二年级时的一个日记本，忍不住翻开看看，突然就有了那位朋友所提问题的答案。其实我是"指导"过女儿写作文的。

上二年级的女儿，书面语言的表达能力非常有限，所以当她想在日记里记录下某天游玩的经历时，玩得很高兴写起来却心有余而力不足。每当女儿写不下去的时候，我便会自告奋勇帮她完成日记。有的时候，她努力地写了一半的日记实在写不下去了，我帮她补充完整；有的时候，我自己先写下来，让她读我的日记寻找灵感，再组织自己的文字。

在她二年级的日记本里，我看到一篇我俩合写的日记，记录的是周末在颐和园划船的经过。日记的前半部分是她写的，后半部分则是我写的。这篇日记是这样的：

3月18日

今天上午，我和妈妈去颐和园玩了。

我们一进颐和园的正门，妈妈就说："我先陪你去划船吧！"

我们以最快的速度走到码头，买了票上了船。

我抬头一看，碧蓝碧蓝的天空万里无云，万寿山上，佛香阁掩映在绿树丛中，看起来跟空中楼阁似的。太阳照在清澈的昆明湖上，好像无数珍珠闪闪发光。

在脚踏船上，我对妈妈说："我来蹬吧！"

可是，我的腿本来就短，脚踏子又偏偏太远了，我根本就没法蹬，只好由妈妈蹬了。没过多久，我的好奇心太强了，我就让妈妈先不蹬，我蹬一会儿。

（以上为女儿的文字）

可我还是没法蹬呀。后来，我就站起来，像骑自行车一样，双手扶住船边，蹬了起来。船果然走动了，越来越快。

我想我的样子一定特逗，别的船上的人划过我们身边的时候，都冲着我笑呢。

用这种动作划船，不一会儿我就累得满头大汗，可是，看着我们的船离码头越来越远，我心里真有说不出的高兴。

（以上是我的文字）

那时候，我为女儿日记添加的文字，就直接写在她的文字后面，并没有先写在别的地方然后让她抄。但是因为日记要交给老师的，为避免老师产生疑惑，所以，我会在文后加括号写上：

"妈妈注：后半篇是我写的，因为李若辰实在是词穷了。"

非常感谢当时教女儿语文的赵老师，她不但没有因为妈妈代替女儿写日记而批评女儿，还在这篇日记里女儿所写部分的好词好句下面画了许多赞美曲线，并给了一个"优"的评价。这无疑给了女儿很大的鼓舞，在这样的鼓舞下，女儿就开始喜欢记日记了。而且实在写不下去的时候，她也敢于求助我，我也乐意帮忙，于是，她的日记本上偶尔会有我的笔迹。我的文字并不见得多么优美，但比一个二三年级的孩子的文字表达能力要强得多，孩子可以看到自己想要表达出来的场景在妈妈的笔下是如何自如呈现的，这是一个很好的学习过程。如今看来，这有些类似文字接龙的游戏，对保持孩子写作的兴趣是非常有帮助的。

一次，老师布置的作文是让孩子写自己的妈妈，女儿找不到头绪有点发愁，回来就问我应该怎么写。我并没有直接告诉她如何写，因为那样并不能启发孩子的思维。但是，我写了一篇题为"妈妈，请换个姿势睡"的文章给她看，那篇文章写的是我的妈妈为了顾全我们兄弟姐妹六个，多少年来都用一个非常难受的姿势睡觉，后来，我们长大了，妈妈却改不回舒适的睡觉姿势了。女儿看了我写的文章后，便依葫芦画瓢写了一篇，但是她的角度却和我的完全不同，是妈妈为她洗衣服的时候一绺头发遮住了面孔，看上去非常憔悴，她很心疼妈妈。这篇文章写得很感人，情真意切，我读后差点掉眼泪。

还有一次冬天下雪后，老师让写一篇打雪仗的作文，我便以小朋友的口气写了一篇，她自己写出来后，竟然觉得我写的不如她写的好。听她那么说，我心里那叫一个甜。多年陪伴女儿一步一步走过，就是盼着她"青出于蓝而胜于蓝"，终于有一日她"出师"了，我内心的成就感也是满满的。

现在想想，我和女儿一起写的那些文章不就是所谓的"下水"作文吗？虽然不多，却起到了非常好的示范作用。家长指导孩子学写作文，就好比教练教孩子学游泳一样，如果只在岸上给孩子讲动作要领的话，孩子不见得能学会，而教练亲自下到水里把动作展示给孩子，效果就要好得多，孩子很快就能学会游泳了。

有一次听"中国蒙氏教育第一人"孙瑞雪老师的讲座，她提到在她的学校里，小学一二年级的小孩子就是在家长的帮助下写作文的。他们的做法是孩子讲、家长写。孩子给家长讲一件事情或者口头描述一个人，家长要一字不差地把孩子讲的东西写下来。孩子讲完、家长也写完以后，家长给孩子朗读刚才两个人共同完成的作文，让孩子感觉是否还需要修改。如果孩子觉得需要改，家长就听从孩子，在原文的基础上修改。之所以让家长写，是因为一二年级的孩子还有许多字不会写，文字表达能力也不够强。在这个过程中，家长只是助手，不给孩子任何建议，而是充分调动孩子的想象力和创造力，"写"出完全属于孩子自己的真实的作文。这样"写"过一段时间以后，孩子再脱离家长，自己去写作文。孙老师说，她学校里的孩子写出来的作文都情意真切，生动感人。

很佩服孙老师的创意，同样也是家长帮助孩子写作文，境界又是另外一层。我的"下水"作文，虽然尽量模仿孩子的语气，毕竟有我的加工，多多少少会夹杂我的想法和感受。虽然我的方法效果也很好，但我更喜欢孙老师这样激发孩子个人能量的方法。孩子的作文如果能达到"我手写我心"的境界，我想也就足够了！

03

学习

学习是一颗糖

小学生喜欢学习的前提，
就是热爱学校、热爱老师、热爱同学并对学习充满兴趣。
只有这样，
他才会对学习充满热情并不断地进步成长。
没有必要刻意在孩子的学习上花太多的心思，
而是想办法让孩子爱上学校、爱上学习。

择校，是因为伤不起

家长在陪伴孩子长大的过程中，有时候真的很无奈。由于客观条件和自身能力的限制，不可能事事都尽善尽美，稍有差错还会对孩子造成伤害。但是，只要家长对孩子无私的爱存在，就会帮到孩子，让孩子在家长爱的呵护下健康成长。

择校，在我家曾经是一个沉重的话题，因为我们受过伤。这么多年，当周围的朋友跟我谈起孩子上学的事情时，我总是跟大家说："有条件就上好一点的学校，对孩子好。"

我们的第一次择校，是在幼儿园。

当年我和先生下海到北京打拼，目的有很多，其中一个就是想让女儿接受好的教育。然而刚到北京的那段时间，因为钱赚得少，生活非常不容易，自然也影响到了孩子的教育。

我们来北京没几个月，女儿就满3岁了，我和先生想把她从老家接到北京上幼儿园。当时我们住在清华大学附近，所以首先去打听了清华幼儿园，得知费用比较高，我们当时就不敢想了。再问到北大幼儿园，费用也不少。作为父母，面对这种情况，我们内心非常难受，觉得很对不起女儿，却又无可奈何。后来只能退而求其次，把女儿送到了一所乡办的幼儿园，每个月托管费只要200元。当时心里想，虽然幼儿园的条件差了一点，起码女儿可以在爸爸妈妈身边，而且上幼儿园本来就是玩，又不学什么知识，好一点差一点应该无所谓的。

哪知道我们把问题想得太简单了。

女儿的分离焦虑非常严重，每天早晨送她去幼儿园都很难，她压根就不愿出门，好说歹说去了幼儿园，她也哭着不进门。为了不去上幼儿园，女儿可谓煞费苦心。她天真地以为，是因为太阳出来了爸爸妈妈才送她去幼儿园的，而人晚上只要不睡觉天就不会亮，所以每天晚上她就硬熬着不睡觉，实在困得不行了，就恳求妈妈帮她看着不要叫太阳出来。有一天，她早晨醒来发现阳光照在了窗户上，便"气急败坏"地打了我一拳："看！叫你看着太阳不要出来，你怎么就睡着了？"有一次还甚至差点发生危险，小家伙有一天居然从爸爸自行车后面的坐椅里强行滑下来，撒腿就往回跑！

就这样，一个月以后女儿才逐渐适应了幼儿园的生活。而和她一起进园的小朋友，则只哭了一个星期。

我想，女儿的分离焦虑那么严重，一方面是我们家长的原因。女儿一岁半被我们从县城送到农村的奶奶身边，那时还可以一个月回去看她一次，而且爷爷奶奶非常疼爱她。后来我们到了北京，好几个月都没有回去看她，把她带到北京后，她还没有适应过来就被送进了幼儿园。因为有过被放在奶奶家的经历，女儿内心本来就有一种"爸爸妈妈不要我了"的不安全感。到了幼儿园，完全是陌生的环境，孩子每天早晨去了幼儿园，就在心里纠结着"妈妈还要我吗""妈妈还来接我吗"这样的担心。这让女儿非常难受，所以，每天回到家她就跟我们商量不想去幼儿园了，而我们第二天又非常"狠心"地把她送去，丝毫没有"同情心"。现在想想，觉得真有些对不住女儿，小小年纪就让她遭受了那么多的煎熬。

另一方面，女儿分离焦虑严重也跟幼儿园的老师有关。因为后来发生的一件事，现在让我想起来心还隐隐作痛，忍不住掉眼泪。

记得那一年的冬天，北京下了一场非常大的雪，以至于很长时间路面都非常滑。那时候我每天骑车上下班，因为路滑，下班后只能骑骑走走，比平日多花许多时间。一般情况下都是我去接女儿，由于那几天的路况差，我总是晚接女儿，女儿很不高兴。一天早晨，我跟先生商量，让他那天早点回家接女儿，因为他不用坐班，时间比我好掌控一些。

因此，我那天下班后就没有太着急回家，顺路还去买了点东西。结果，等我到家的时候，发现我们租住的小屋子黑着灯，问邻居，说没看到我家的父女俩回来。这下我傻眼了，那时候已经晚上6点多了,因为是1月份,天已经黑透了。我的心怦怦直跳,赶紧跌跌撞撞地赶往幼儿园。当我赶到幼儿园的时候,女儿的老师也急得团团转,见我来了,非常生气。我赶紧跟老师道歉,却不见女儿的踪影。原来,老师把女儿一个人留在教室里,自己去了门房跟看门人聊天。教室里并没有开灯,3岁多的小女儿一个人待在黑屋子里,等了我们一个多小时。当时我的心都要碎了,更让我心疼的是,当我抱起女儿的时候,女儿怯怯地跟我说:"妈妈,我尿裤子了。"我一摸,女儿的裤子果真是湿的,而且冰凉冰凉的。我赶紧把女儿抱到自行车座上,告诉她我们赶快回家换裤子。原来,先生那天临时赶一个稿子,由于不经常接女儿,早已经忘记了我让他接孩子的嘱咐。这事也成了先生永远的愧疚,疼爱女儿的他一直难以原谅自己。

回家后我问女儿,为什么不告诉老师自己要尿尿。女儿说,所有的小朋友都走后,老师很生气地告诉她不许乱动,而她想尿尿的时候,老师不在教室,教室里又黑,她摸不到厕所,所以只好尿裤子里了。

更为可怕的是,此后很长一段时间,女儿每天在幼儿园都会尿裤子,而周末回家两天什么事都没有。没多久后的春节,我们回老家住了10多天,女儿也一次都没有尿裤子。假期过后,再送她回幼儿园,她又开始尿裤子了。

当时我们不懂,后来我学了心理学才明白,这是一种典型的"心理问题躯体化"的表现。女儿在幼儿园遭受了打击,虽然说不出来，但是内心已经在抵制这个幼儿园了。然而我们却不懂，还依然每天送她去幼儿园。小小的她没有能力反抗，就下意识地尿裤子。

非常庆幸，虽然当时我们并不懂心理学，却明白这家幼儿园不适合我们的女儿。后来我们虽然颇费了一番周折，但还是及时给女儿转了幼儿园。

当我们意识到要给女儿转幼儿园的时候，第二学期都开始了，一般幼儿园都不再接收新生入园。我和先生认定了要送女儿去北京大学幼儿园，因为我们坚信，北大给老师的孩子建立的幼儿园一定条件很好，幼儿园招聘的老师也一定是一流的。先生曾经几次去北大幼儿园门口观察踩点，看到那里的孩子每天都是快快乐乐的，老师也都和颜悦色，这坚定了先生一定要送宝贝女儿去那里的决心。

当先生找到北大幼儿园的时候，得到的答复是：现在没有进园的名额，要想上的话，得等到秋季招新生的时候。

我们等不得，女儿已经没法在原先的幼儿园再待下去，我们两人刚刚到北京半年，必须同时上班赚钱，不然生活都保证不了。所以我们只能让女儿上幼儿园，而且就想上北大幼儿园。于是，先生每天都去找园长，给园长讲我们的实际情况，希望她能够网开一面，接收我们的女儿进园。

现在想想，那时候先生真够冒失的，一个穷打工的，就那么空着手，每天去找北大幼儿园的园长，为的就是让女儿去那里上幼儿园。

找了好几天，北大幼儿园的园长终于被先生对女儿的爱所感动，不仅同意让女儿进园，还帮我们免去了一些费用。因为燕东园总部没有位子了，女儿去了北大的蔚秀园幼儿园。

就在园长同意女儿进园的第二天，我们在原来的幼儿园办理了退园手续。从此，女儿开始了她的"北大学习生涯"。

我们带女儿去见蔚秀园园长的时候，一开始女儿非常害怕，拽着我的衣襟躲在我身后。那位园长过来跟她说话，几句话过后，她就不再害怕，跟园长聊了起来。后来，我们在路上还碰到过原来幼儿园的那位老师，她也很热情地为女儿买了冰激凌，但是我能明显地感觉到女儿对她的排斥。这一点让我一直非常感慨，一个教师的素质对孩子的影响实在是太大了。

女儿去了新幼儿园的第二天就不再尿裤子，而且很快就喜欢上了新的老师和小朋友。让我感动的是，这个幼儿园的老师对孩子那份浓浓的爱心。女儿对她的一个老师叫"妈妈"，若这个老师哪天不在，全班的小朋友都会非常想念她，有的甚至会哭。女儿在初中时写了篇"我的杨妈妈"，说的就是这位可亲可敬的老师。上大学后，女儿还在教师节那天专程去看望了已经是园长的"杨妈妈"。

为女儿转园，这便是我们的第一次择校。有了上幼儿园的教训，我们在为女儿选择小学的时候就谨慎多了。

家长在陪伴孩子长大的过程中，有时候真的很无奈。由于客观条件和自身能力的限制，不可能事事都尽善尽美，稍有差错还会对孩子造成伤害。但是，只要家长对孩子无私的爱存在，就会帮到孩子，让孩子在家长爱的呵护下健康成长。

  这些年择校是教育界的一个热门话题。对于家长来说，为孩子择校，意味着要花费很大的精力和财力，因为择校不仅意味着不菲的择校费，孩子还需要每天赶往"千里之外"的学校，非常辛苦。这些看上去没有什么好处，为什么家长还挤破脑袋要这么做呢？其实，这都是无奈之举。择校，追崇的就是那些学校的优质教育资源。如果家门口不花钱的学校就有好的老师、好的教学设施，谁愿意劳心劳力地跑那么远，让孩子每天受罪呢？

耐心等一等初入学的孩子

做不好的时候，孩子自己往往也很着急，如果学校老师对他有批评的行为，他便不自觉把自己和别的小朋友比较，内心自然产生焦虑和无措。这时候他是真心希望家长可以理解、体谅并能够帮助他，如果家长也指责他的话，孩子的自尊心会无端地受到践踏，自信心也难以树立。这时候家长要做的是看看自己可以想点什么法子帮助孩子。

有不少小学一二年级孩子的家长向我求助，说孩子做作业慢、写字写不好、学习跟不上等等，问我怎么办。我能够感受到家长们的焦虑和着急。

有一天，我在家找东西的时候，无意间翻到女儿小时候写给我和她爸爸的一些信件，具体时间记不清了，是一二年级时写的。有一封信是求我给她买小猫的，短短四十字，上面好几处涂黑，几个不会写的字就用拼音代替，可是连拼音也明显有错。比如"娃"的拼音应该是wa，她却写成了ue。记得女儿小时候拼音一直学不好，一年级时无论我怎么教，她就是分不清楚"w"

和"u"。后来我不再纠正了,改为等待,结果等到三年级的时候她就全明白了。

就是这个纸条写得乱七八糟,还有多处抹黑和错字的孩子,日后却升入了北京大学中文系,并且在大三的时候还出版了自己的著作。可见,孩子刚上小学时的表现并不代表她长大后的水平。

做家长的都对孩子学走路的那一段情形记忆深刻。孩子颤巍巍地站起来,刚一迈步就跌倒了,再爬起来……经过无数次的跌倒和爬起,孩子终于学会了走路。那时候,家长通常并不着急,而是相信孩子总会学会走路的。我们常跟孩子说的是"宝贝,好样的""宝贝,再来一次",抑或在孩子前面伸出手:"宝贝,别怕,到妈妈这里来!"在这样的鼓励和支持下,孩子勇敢地练习走路,当她真正走到妈妈跟前的时候,通常是"咯咯咯"地笑着扑进妈妈的怀抱。她为自己的成功感到喜悦,也衷心地庆祝自己的成功。

一二年级的小朋友,就正处在学习生涯的蹒跚学步阶段。所有的学习活动对他来说都是新的,需要一点儿一点儿地养成,许多欠佳的表现都是因为学习陌生内容所带来的困难所致。没有哪一个孩子天生就会写字和算术,写字慢、考试写不完,甚至记不住学过的内容,这些都是很多孩子的正常表现。也许有些同龄孩子在某些方面表现得好一些,但那只是因为孩子各不相同,并没有好坏之分。

在帮助孩子顺利度过初入学的这一阶段，家长既是教导者，也是陪伴者。前提是：家长要以接纳和爱的方式帮助孩子。

有一次我在外地出差，早晨一开手机，就看到一位妈妈在凌晨一点发过来的微信留言。原来，头天晚上她在教刚上一年级的女儿记英语单词，教来教去女儿就是记不住，她忍不住对孩子发了火。结果女儿委屈地说："妈妈，我就是记忆力差，老师在学校已经给我评了差了！"说罢，女儿放声大哭。这位妈妈恍然意识到，其实孩子从学校回来心情已经很难过了，她这一发火，对孩子来说无疑是雪上加霜，孩子才终于爆发了。孩子睡着以后，妈妈却久久不能入睡，起来给我发微信求助。

看到朋友的微信，我是真心疼，心疼孩子，也心疼妈妈。这个小朋友是我看着长大的，她的聪明伶俐我是知道的，我也知道妈妈对孩子的爱有多深。妈妈希望孩子可以跟上老师的步伐，和同学们保持同步，孩子也因为自己记不住单词而着急，甚至有些委屈，她们娘儿俩都是那么不容易。因为彼此很熟悉，我就安慰朋友让她别着急，并告诉她6岁孩子的认知能力还没有那么强，要允许暂时的落后。

对小孩子来说，做不好或者出错都是无意为之的。如果是因为孩子的能力有限而达不到的话，那一定是需要帮助的，家长切忌指责和挑剔。做不好的时候，孩子自己往往也很着急，如果学校老师对他有批评的行为，他便不自觉会把自己和别的小朋友比较，内心自然产生焦虑和无措。这时候他是真心希望家长可以理解、体谅并能够帮助他，如果家长也指责他的话，孩子的自尊心会无端地受到践踏，自信心也难以树立。这时候家长要做的是看看自己可以想点什么法子帮助孩子。

一二年级的小朋友记单词或者认字，家长可以制作一些卡片，通过和孩子玩卡片游戏，让孩子记住单词。我能想到的游戏，比如和孩子一起制作交通识读卡片，编讲一个《早晨爸爸要上班》的故事：爸爸上班用什么交通工具呢？汽车。那么就和孩子一起写下"汽车"的卡片；爸爸几点钟出门？7点钟。接着和孩子一起写下爸爸出门的时间；爸爸出门的时候要跟家里人说什么？再见。继续和孩子一起写下"再见"的卡片……像这样的游戏，可以把英语单词和汉字串联到一起学习，孩子不仅会觉得有意思，还会在不经意间就学会了。通过这样的游戏，一来提高孩子的学习兴趣，二来也可以帮助孩子了解记单词其实并没有那么难。兴趣和自信心提高了，孩子自然能很好地应付课堂上或生活中遇到的困难。

家有刚上学的小朋友，孩子暂时出现这样那样的问题，家长要放松心情，信任孩子，耐心地等一等，允许孩子以自己的方式追上来。也要多看看孩子的优点，强化优点，给孩子欣赏和鼓励。事实上，我后来再跟那位求助的妈妈聊天时，她说孩子经过一段时间以后，已经慢慢地追上来了。她自己反思，觉得当时过于急躁了。

家长每天处于焦虑、着急之中，不仅于事无补，孩子也会被这种来自大人的焦虑和着急影响，生活在不安之中。孩子本来就不知道该如何做，再加上恐惧和害怕，反而更容易做得慢、更容易出错了，所以做事的效率和效果一定出不来。

我们把孩子送进学校，就是让孩子去学习的，他怎么可能一进学校就什么都做得好呢？人本来就会在学习中不断犯错、吸取教训、积累经验，并慢慢长大。所以，请把孩子的一切表现都看作是成长中的正常表现，耐心等一等他吧！

呵护和满足孩子的好奇心

当孩子问问题的时候，家长一定要认真回答。即使家长不知道答案，也要诚实地告诉孩子，并和孩子一起想办法找答案。认真回答孩子的问题，可以使孩子的好奇心得到满足。在一次又一次的满足中，他对事物的探索欲望便得以保持。谈到学习上，便是对孩子学习兴趣很好的呵护。

女儿小的时候，我们家有一个本子，专门记录她问的各种问题。孩子的问题五花八门，很多时候家长回答不上来。

一次，我们回老家过年，晚上停电了，爷爷点上蜡烛，女儿看着蜡烛的火苗问："为什么蜡烛的火苗中间那段是蓝色的？"我和先生就答不上来。

我记得女儿问的最棘手的一个问题是："妈妈，世界上的第一个人是怎么来的？"我搜肠刮肚把自己知道的关于进化的理论都告诉了她，她好像明白了似的点点头，但过了几天又说："妈妈，世界上的第一个人到底是怎么来的，我还是不明白。"

家长会发现小孩子满脑子都是问题，不断问问题，说明孩子对这个世界充满好奇。因为好奇，小孩子恨不得要探索遇到的每件事情的奥秘。在他们眼中，会觉得父母是万能的，所以总是缠着父母问东问西。

我觉得，当孩子问问题的时候，家长一定要认真回答。即使家长不知道答案，也要诚实地告诉孩子，并和孩子一起想办法找答案。女儿小时候，没有如今这么发达的网络搜索工具，我们常常会教导她或者和她一起翻阅手头的工具书寻找答案，有时还带她到书店查找资料。现在网络的搜索功能非常强，可以随时找到问题的答案。

认真回答孩子的问题，可以使孩子的好奇心得到满足。在一次又一次的满足中，他对事物的探索欲望便得以保持。谈到学习上，便是对孩子学习兴趣很好的呵护。

女儿上小学的时候，对自然课表现出浓厚兴趣，无论老师讲到植物还是动物，她都很好奇，一定要探个究竟，并乐意在课后认真完成老师的作业，观察或者做实验，都乐此不疲。

我记得一年级的第一学期，女儿学习了叶子的形状，我便特意周末带她去了趟北京植物园，观察树木的叶子。那一次，她了解到银杏的叶子是扇形的、枫树的叶子是爪形的，还有很多圆形、心形、椭圆形的叶子……深秋的植物，叶子色彩斑斓，风一刮纷纷落下。我们采集了各种形状的叶子，回家后把叶子贴在自然作业本上。周一到学校后，女儿交上的作业最漂亮，得到了老师的夸奖。更重要的是，女儿在各种树木间穿梭，轻轻松松地就对叶子的形状有了充分了解，这让刚刚上小学的她觉得原来学习是充满乐趣的。

女儿学习昆虫了，我们就允许她在家里饲养各种昆虫；课上讲到历史了，我们就带她去博物馆了解更多知识。假期的时候，我们还会带她到处旅游，让她对地理有更加直观的了解。

高考的时候，女儿参加了香港大学的"校长推荐计划"面试，面试官介绍自己是研究昆虫的，女儿告诉她自己也很喜欢昆虫，结果面试就变成了两个人就昆虫话题的聊天。由于给面试官留下了深刻印象，女儿最后拿到了香港大学20分的加分。

有些家长习惯把自然、历史等科目叫作"副科"，认为考试不会考，因此不太重视。从我家的经历来看，我觉得正是这些"副科"激发了女儿的学习动力，让她觉得学习是生动有趣的，从而爱上了学习。

小孩子的内心没有主科、副科的概念之分，在他们看来，任何过去没有接触过的东西都是学习的对象。家长要做的，就是要让孩子明白，探索了解这些神秘的事物需要识字阅读，需要通过读书来满足自己的探索欲。如果想进一步做研究，还要学习数理化等基础学科，才能帮助自己更有成就。也就是说，我们满足孩子探究世界的好奇心，其实是在激发孩子学习的内在动力。说到底，这才是让孩子喜欢学习的源头和基础。

要满足孩子的好奇心，家长对待学习的心态很重要。学习是随时随地的，不是说只有在课堂上听讲抑或写作业才是学习，孩子从事的每一项事情都是在学习。比如爬山可以让孩子了解大自然，种植和养殖可以让孩子了解生命的神奇，甚至做家务也能让孩子从身体力行中学习生活的技能。

小时候，孩子更多是通过自己的眼、耳、触觉等感官来学习的，注意力、观察力、思维力等智力因素也需要通过感官来开发。12岁之前，孩子的认知能力没那么强，所以要多让孩子从体验中认识这个世界，通过体验来学习。

有心理学家认为，对12岁之前的孩子来说，有一种非常重要的心理营养，那就是"玩"。如果孩子小时候没玩够，长大会继续想玩。这大约是有些大人几十岁了还贪玩的原因。小时候的玩是好奇，成年了还想玩则是在弥补小时候缺的功课了。

另外，阅读也是满足好奇心的重要手段。老师和家长不可能回答孩子所有的问题，但孩子可以通过阅读书籍自己找到答案。所以，阅读也是孩子学习最有效的方式。

一二年级的孩子，阅读范围是从图画到文字，二年级以后就可以读文字多的书籍了。不同的孩子，喜欢的书也不同。家长要根据自家孩子的特点，帮孩子选书，让孩子在自己感兴趣的领域通过阅读来获得答案，满足好奇心，从而喜欢上学习和探索。

家长把孩子送去上学，最终目的是让孩子学到本领，将来能够在社会上安身立命。在小学阶段，让孩子对学习充满兴趣，比一时的学习成绩更重要。其实，小学的功课并不多，只要孩子能跟上并把所学的知识掌握就足够了,而对学习保有兴趣则会让孩子持续想要获得知识并最终拥有生活的本领。因此,在孩子小学阶段,家长要把注意力放在学习兴趣的培养上。而学习兴趣的培养,首先要满足孩子的好奇心。

不断激励，成就孩子的自信

对孩子来说，当自我价值感被满足了，他便很喜欢去做某件事，而成人的不断认可和夸奖，会让孩子内心产生一种"我很强大"的感觉，这种感觉正是自信的感觉。

我女儿小时候，只要她取得一点成绩，我和先生都会及时认可和肯定她。这里我所说的"成绩"，不是指考试的分数。有时候女儿学会了一个东西或者解决了一个问题，我们都会表达赞赏。比如她花了好长时间终于把一个笔画比较多的字写会了，我就会说："这个字很难写，你可以写出来，很了不起。"在这样的夸奖和鼓励下，女儿就会觉得很有成就感。这种成就感的不断满足，会让孩子变得越来越自信，而自信正是成功的基础。

孩子是在学习中成长的，他可能时刻都需要知道事情该怎么做。做好了，认可孩子；做不好，教孩子做好。孩子就会觉得做到做不到都是可以的，从而不会患得患失，恐惧自己会失败了。当他没做到的时候，家长教导他如何做，把焦点放在问题的解决上，而非抓住孩子的问题不放，这一点很关键。

女儿小时候，我们让她多读书，丰富知识。因为懂得多，女儿在课堂上回答问题总是观点独特、思想深刻，时常得到老师的夸奖，也赢得了同学们的羡慕。这些夸奖和羡慕，激励着女儿去读更多书，学习更多知识。

心理学家马斯洛的"需求层次"理论认为，人的最高需求是自我价值的实现。对孩子来说，当自我价值感被满足了，他便很喜欢去做某件事，而成人的不断认可和夸奖，会让孩子内心产生一种"我很强大"的感觉，这种感觉正是自信的感觉。

心理的满足是在精神层面，很多时候比物质奖励更有效，因为后者往往带有交换色彩，让人感觉是有条件的奖励。所以，多夸孩子是省钱省力又最有效的方法。有心理学家把这种心理满足叫作"给孩子心理营养"。如同成长需要生理营养一样，孩子也需要心理营养来满足心智的成长。

既然学习的最终目的是解决生活中的实际问题，那么在女儿上学的过程中，我和先生就会提供很多机会让她实践。比如女儿学了数学，买菜的时候就让她算账。如果她说："妈妈，你应该给3块8毛。"我就会说："哇，学习数学原来可以帮我们买菜的时候不上当受骗！"科学课上学了某种技能，我们也会让她动手去做。学写作文，就鼓励她写便条、写信等，还鼓励她投稿。让孩子把学到的知识用于实际生活,她便知道学习原来是有用的,对学习也就有兴趣了。

家长明白了学习的目的,看到的就是孩子学习了什么本领,而不会只盯着成绩和分数。这样看问题的话,我们就会看到孩子每天都在进步,毕竟孩子的成长是自然而然的,只要他学习,就一定有收获。这样看问题,我们就没有了焦虑,反而常常会为孩子的成长和进步感到开心。

女儿上高中的时候,数学考了全班倒数第一,她很难过。我非常理解女儿内心的感受,因为她跟我很像。我当年中考的时候,以"县状元"的成绩考上省首批重点中学,结果一上高中,数理化成绩怎么都提不上来。学数学和物理的时候,就像被施了魔咒一样,无论如何都学不懂,那种感觉,没体验过是很难说清楚的。所以,当女儿数学考成那样的时候,我没有责备她,而是拿出自己高中时候的成绩单给她看。那是我妈妈替我保存下来的唯一一张成绩单。我妈妈快去世的时候,我在整理东西时从一个小盒子里翻出来那张成绩单。成绩单上,我其他科目的成绩都还不错,唯独数学刚刚及格,分数远远低于别的科目。我跟女儿说:"如果妈妈当年数学成绩好的话,没准也可以考上人民大学之类的一流大学。"不过,我也告诉她,虽然妈妈当年没有考上一流的大学,但后面通过努力,如今的生活并不比那些考上一流大学的同学差。女儿看了我的成绩单挺同情我的,但是她很要强,说自己要试一把,不服气自己的数学就是学不好。后来,我们商量的结果是上课外班。她通过同学的介绍，自己跟着一个老师补习数学，成绩才慢慢提高。

在女儿补习数学的过程中，我和补习老师一直保持良好的联系。因为老师很忙，接电话不方便，我们便约定通过邮件联系。我几乎每周都要给老师发邮件，主要内容不是聊女儿的弱点，而是把她表现好的地方告诉老师。比如，女儿的作文被当作年级范文张贴在楼道里，我就把作文的电子版发给老师；女儿的托福考试得了106分的高分，我也在邮件里告诉老师。在我内心里，我只是觉得女儿的数学学习遇到了困难，并不代表她不好。我也想把这样的想法传递给老师，让老师也如此看待我的女儿。果真，当老师看到女儿的作文时，大为赞赏，并在班里当着其他同学的面夸奖女儿有写作天分，这样女儿不至于因为数学成绩差而自卑，从而能正视并克服困难。我想，这没准是她的数学成绩逐步提高的一个原因吧！

孩子不可能样样都好，经常会遇到瓶颈。家长在孩子遇到困难时，不抱怨、不批评，而是和孩子一起想办法，客观地看待孩子，并欣赏孩子做到的那部分，孩子的自信就不会受到打击。我常想，就算女儿的数学成绩提不高，考到一所普通大学，她也一样优秀，因为她对生活充满了信心。避开数学，她在别的方面会做得很好。事实上，女儿考大学的时候坚决不再选那些需要学习数学的专业，而选择了纯文科的中文系，很轻松地读完了大学，并且取得了优异的成绩。

从小学到高中，女儿的学习成绩都不是很拔尖，但是她喜欢学习，从来没有表现出厌学的情绪。我想，这跟我们对她持续的肯定、鼓励和支持有很大关系。

好心情是喜欢上学的"吸铁石"

让孩子持续地喜欢上学,这需要家长调动自己的智慧,用心而又不留痕迹地做一些事情,让孩子在和同学、老师的交流相处中收获快乐,让孩子在和谐的家庭关系的陪伴下,保有愿意学习的热情。

女儿小学六年级时,特别热爱学校。学期中,每天早晨上学都欢天喜地的;逢假期,总是还没到开学的日子,就开始念叨想去学校了。这让我非常欣慰。我总觉得,小学生喜欢学习的前提,就是热爱学校、热爱老师、热爱同学并对学习充满兴趣。只有这样,他才会对学习充满热情并不断地成长进步。所以,在女儿上小学的六年中,我们并没有刻意在她的学习上花太多心思,而是想办法让她爱上学校、爱上学习。

女儿上幼儿园的时候,我们就很注意帮她找朋友。把她从幼儿园接出来,我们都会叫上几个小朋友一起玩一会儿再回家,因为玩得很高兴,每次分别,孩子们都恋恋不舍。第二天早晨女儿就会很愿意去幼儿园,因为她很期盼和小朋友一起玩。

上小学以后,我们延续了幼儿园的做法,利用接送女儿的机会跟家长聊天,寻找能和女儿玩得来的同学,如果家长允许,放学以后就让孩子们在学校操场玩一会儿再回家。没过多久,女儿就有了两三个经常一起玩耍的好朋友。课间,他们一起做游戏;放学后,伙伴们在学校操场玩一会儿再回家;节假日,我们家长也会组织孩子们一起郊游或者参观博物馆等。

对孩子来说,同伴的吸引力很大,他们可以从同伴那里获得认可,或者学到自身没有的东西。同伴之间的交往、做游戏是孩子非常向往的。小学时,同班同学中有几个这样的好朋友,就如同有了几块吸引孩子上学的"吸铁石",让孩子每天都渴望去学校见到这些同学。这么一来,对家长来说,让孩子喜欢上学的第一步便完成了。

上学的孩子还有一个非常重要的关系,那便是师生关系。亲其师,才能信其道。小学生很听老师的话,简直视老师的话为圣旨。如果能让孩子喜欢上老师,他就会乐于学习老师教授的东西,并积极完成老师交给的任务。所以,从女儿上学的第一天起,我就想办法让她喜欢每一位老师。

我观察每位老师的特点,把这些特点转换成优点,并在孩子面前评论老师。比如女儿小学的第一任班主任赵老师,性情非常温和,也很有耐心,我就总在女儿面前夸她:"赵老师脾气很好,对你们很有耐心,我很喜欢她。"女儿听我说得多了,便认定赵老师特别好,也渐渐喜欢上了赵老师。赵老师让女儿在每节课老师进教室的时候喊"起立",我就跟女儿说:"因为你声音洪亮、口齿清晰,赵老师才让你做的。她是真正喜欢你呢!"说这些的目的,也是让女儿喜欢上赵老师。事实上,我的努力很有效果,女儿一直非常喜欢赵老师,因此赵老师教授的语文课,她也学得很扎实。

教数学的王老师快言快语。有一次,我碰到王老师,她跟我聊起女儿的一些情况。女儿看到我和王老师聊天,回家后就问我们聊了些什么。女儿的数学差一些,我估计她有些心虚。不过,我告诉她:"王老师说自己有个儿子,她还非常喜欢女孩儿。在你们班里,她看你最可爱,说真想让你做她的女儿。""真的吗?"虽然女儿嘴上有些不相信,但我感觉到她心里美滋滋的。第二天,她果真跑去问王老师:"老师,我妈妈说您想让我做您的女儿,是真的吗?"王老师听了哈哈一笑,跟女儿说:"是啊,你那么可爱,我就是想让你做我女儿啊!"说着,王老师还捏了捏女儿的小脸蛋,女儿高兴得蹦蹦跳跳。从此,在女儿的眼里,王老师就像妈妈一样,她学起数学来也有了劲头。

其他老师也是一样,我采取类似的办法,让女儿喜欢上他们。由于女儿对每一位老师都喜欢,她每天上学都很放松,因为她觉得是去跟亲爱的老师们见面了。

就算再有缺点的老师,他也会有优点。我曾经是中学老师,所以很了解老师的辛苦。女儿上小学以后，我就更理解小学老师了。小学生正处于顽皮捣蛋的阶段，家长管一两个孩子有时都会觉得抓狂，更何况老师要面对几十个孩子呢，那种辛苦可想而知。我常在内心感恩老师的付出，以及对女儿的培养。

家长心怀对老师的欣赏和感谢，并把这份欣赏和感谢传达给孩子，引导孩子喜欢老师、崇敬老师，这完全可以做到。作为家长，我们没有办法左右学校给孩子分配哪个老师，但是可以左右孩子对老师的看法，想办法让孩子从老师那里接受正面的影响。孩子爱老师，才会喜欢老师教授的课程，也才有可能学好这门课程。

我自己觉得，如果孩子和同学的关系很好，和老师的关系也好，他就会有一个好心情。所以，这两种关系对孩子来说很重要，家长需要帮助孩子经营好这两种关系。

一时的好心情，对孩子的学习一定会有帮助。而持续的好心境，则可以让孩子持久保持学习兴趣和动力。所谓"心境"，通俗一点说，就是指一个人持续很长时间的某种心情。对孩子来说，能有持续的好心情，每天都处于高兴的状态，他学习起来就可以全心投入。

而要让孩子有一个好心境，和谐的家庭关系更加重要。

家庭关系包括夫妻关系和亲子关系，亲子关系也包括孩子父母和祖辈的关系。一个孩子生活在和谐的家庭关系里，感受着亲人对自己的爱，以及亲人之间的相亲相爱，他的内心会很和谐，做事情的时候便不受外部因素的影响，能够做到最好。

有时候，孩子不学习，不是他不愿意学习，而是他不能学习。不能学习的一个重要的原因，没准就是有一个很糟糕的家庭关系。孩子都是上进的，但他的上进心有时候会受到外部各种因素的干扰。

有一个女孩，资质聪颖，但就是学习成绩不好，爸爸妈妈非常着急。后来，女孩子说，她其实很想学习，也想学好，但是坐在书桌前总是心里慌慌的，也不知道是为什么。原来，因为孩子晚上睡觉的问题，爸爸常常埋怨妈妈没有管理好孩子的时间，搞得妈妈焦虑不堪。虽然父母的矛盾并没有在孩子面前表现出来，但是孩子已经感受到了，而且影响到了孩子的学习和生活状态。

所以，要给孩子学习的好心情，家长恐怕还要注意营造一个让孩子心平气和的家庭氛围。

其实，小孩子在上学前都会认为学校是最好的地方，每天看着哥哥姐姐背着书包上下学，内心充满了期盼。如何让孩子保有这份期盼，让孩子持续地喜欢上学，这需要家长调动自己的智慧，用心而又不留痕迹地做一些事情，让孩子在和同学、老师的交流相处中收获快乐，让孩子在和谐的家庭关系的陪伴下，保有愿意学习的热情。

学习习惯的培养要趁早

学习习惯包括每天的预习和复习、阶段性的小结以及课外阅读等，这些习惯一旦在孩子10岁之前养成，对他后面的学习乃至将来的工作、生活都会有非常大的帮助。所以，习惯的培养要趁早，千万别等出现问题了才动手。

"少成若天性，习惯如自然"，是孔子的名言，意思是小时候养成的习惯好比天生的一样自然。对于小学生来说，从一年级开始就养成一个好的学习习惯，这对他以后的学习生涯非常重要。

女儿上小学前，晚上并没有早睡的习惯，她很能熬夜，每晚总要过了10点才会入睡。不过幼儿园每天中午都有1个小时以上的午睡时间，所以她的睡眠还算充分。上小学前的那个暑假，我特意调整她的作息时间，要求她每天晚上9点左右上床睡觉。起初，她躺在床上睡不着，我就给她讲讲故事，和她一起背背唐诗，逐渐地，她就按时睡觉了。

上小学的头一天晚上，女儿洗漱完毕，就自觉地上床躺下了，当我过去看她的时候，她已经进入梦乡。这令我非常欣慰，总算在上学前把睡眠问题搞定了。

一上小学，我就告诉女儿："咱现在是小学生了，学生的主要任务是学习。每天回家以后要先写作业，写完作业以后再玩。"女儿听了直点头。

之后，每天回家我都提醒她先把作业写完，然后再带她出去玩，或者在家里和她一起玩。

上学后没多久的一天，我有事要晚回家一会儿，便让女儿自己拿着钥匙先回去。当我从外面办完事回来，上楼梯的时候碰到了正下楼的女儿，问她干吗去，她说已经把作业写完，正准备下楼跟小朋友去玩。我规定了让她回家吃饭的时间，于是自己赶紧回家做饭。开门后，我还特意翻了翻女儿的作业本，发现她真的已经把作业都写完了。看样子，她是真的听从了我的教导，就算父母不在家，也能抵制外面小朋友的诱惑，先把作业写完才去玩耍。

一个习惯的初步养成需要21天，而一个习惯的基本养成需要90天，也就是3个月。要让一个习惯固定下来的话，需要家长和孩子一起坚持3个月。而且这3个月最好不要反复，如果反复多了，就会前功尽弃。所以，孩子习惯的养成其实是对家长耐心的一个考验。家长这关过了，孩子的那关也就过了。

女儿在小学阶段，完成老师的作业后，我们一般不给她布置额外的作业。在低年级的时候，写作业之外的时间，我们会和女儿一起做游戏，或者带她到清华校园里去玩。高年级时，女儿写完作业会去阅读课外书，有时候也会邀请我们陪她出去玩。

在女儿的学习习惯上，我们还有一个深刻的体会，那就是做事情要"专时专用"。

所谓"专时专用"，就是在特定的时间里做特定的事情。比如，我们和女儿商量，晚上7：00—7：30是写数学作业的时间，那么这段时间就专门用来写数学作业，在这半个小时里不许出屋晃悠，我们也不去打扰她，不给她送水果、送水等。如果她有不会的问题，先留着，等这科的作业全部写完了，再问爸爸妈妈。一科作业写完以后，可以休息一会儿，换一换脑子，再开始写另外一科的作业。同样，在那段时间里只做那一件事情。

这一点对培养孩子的专注力很重要，孩子也会养成专注做事的好习惯。毕竟在学校里上课期间和考试期间没有家里那么自由，不允许随便上厕所和做其他事情。孩子小，只要家长的话不伤他的自尊，他就会听家长的。一旦养成了习惯，孩子就不会像有些家长说的那样，一会儿借口出来喝水看一眼电视，一会儿借口上厕所出来玩一会儿。

专注力的培养，应该随时随地。举个很简单的例子，当孩子蹲在地上看蚂蚁的时候，我们不去打扰他，让他专注地看个够；孩子在拼积木的时候，也尽量让他完成作品后，再去叫他做其他的事情；就算孩子在看动画片，也要允许他把一集看完再离开。对孩子专注力的培养，可以在生活点滴中进行，而非一定等到学习的时候培养。

培养孩子好的学习习惯，也是对家长的一种考验。

在对女儿习惯的培养中，我和先生一般采用"正强化"的方式，在她做得好的时候多多鼓励，甚至会给她小小的奖励。尤其是先生，总是用非常夸张的方式夸奖女儿。比如，女儿写语文作业通常要半小时，某天20分钟就写完了，他便会说："哇，你今天只用了20分钟就把那么多的作业写完了，了不起啊！"夸得女儿扬扬自得："我聪明呗！"或者某天女儿早早就上床睡觉了，他就会说："辰辰今天又赶到我前边去了，看样子爸爸要加油了！"在这样不断的夸奖中，女儿觉得自己非常棒，内心的成就感被不断满足。而对于小孩子来说，成就感的满足，是她喜欢做某事的动力之一。

语文学习的好方法——阅读与写作

对于孩子来说，能把发生在自己身边的事情原原本本地记录下来，就已经很了不起了。等孩子心智成长到一定程度，再教给他们如何把文章写得更漂亮。

有位朋友在初中教语文，有一年她接了两个班的语文课，其中一个是年级最差的班。开学以后，她看到那个差班的孩子们对语文课并不怎么感兴趣，就灵机一动，每天很快地把课文内容讲完，留出15分钟的时间给孩子们朗读小说。这个朋友是年轻姑娘，嗓音非常好听，很有专业播音员的味道，孩子们很喜欢听她朗读。一个学期，她给孩子们读了两本书，一本是曹文轩的《草房子》，另一本是美国作家卡勒德·胡赛尼（Khaled Hosseini）的作品《追风筝的人》。她的这一举动被孩子们称为"长篇小说连播"，深受孩子们的喜爱。

神奇的是，一个学期结束后，这个差班的语文平均分比好班高了4分，几乎所有人都觉得有些不可思议。朋友说最让她欣慰的不是那次考试成绩，而是那个班的大多数孩子都爱上了阅读。就在她"连播"的时候，有些孩子迫不及待地把《草房子》和《追风筝的人》看完了，还要她推荐其他书目。所以，那个班的孩子后来的语文成绩一直很好，而且学得很轻松。

说到阅读的好处，我深有体会。女儿因为从小读了不少书，语文学习对她来说非常轻松。女儿阅读范围很广，从《安徒生童话》《格林童话》《希腊神话》，到《爱的教育》《西游记》《简·爱》《倚天屠龙记》，还有一些历史或者科普类的书籍，总之读得很杂。我没有刻意设计和要求她去读什么书，只是尊重她的兴趣。也许是因为读得多了，也许是阅读让她对语文产生了兴趣，对于课本上那些短小的课文，女儿学起来毫不吃力，字词的记忆乃至后来的阅读理解，对她来说都非常容易，语文老师也觉得是她读书多、理解能力强的缘故。

要想学好语文，除了阅读，非常重要的一点是要学会写作。

女儿还在上幼儿园的时候，我们就喜欢出个题目，让女儿说一段话。记得她5岁的时候，我们带她回老家过春节，初三的早晨，先生跟她说："辰辰，过年了，请你以过年为题目作一首诗吧！"

女儿张口就来：

过年，
我乘上了飞船飞向太空，
我遇见了星星，遇见了月亮，
……
过年，
就是快乐，
就是进步！

我和先生听了非常高兴，直夸女儿的诗作得好，还把她的诗记在日记本上，过一阵子念给她听，连她自己都为能够作诗而自豪。

二年级的时候，学校老师开始让孩子们写作文了，我便给女儿买了一个小小的日记本，鼓励她把身边发生的事情记下来。此外，我让她看了我和她爸爸写给她的育儿日记，让她了解写日记可以把许多有意义的事情记下来，日后翻看会很有意思。我还告诉她，有话说的时候多写一些，写几页都行，如果没话说，写几个字也行。女儿果真照着我说的话做了，最短的一篇日记就这样写道："今天的风很大，我们没上操。"这篇日记虽然很短，却清楚地记述了一件事情，也算是一篇很完整的日记了。

女儿刚开始写作文、记日记的时候，我就告诉她一定要写真实的事情和真实的感受，事情是什么样子的就怎么写，心里怎么想就怎么写。所以，女儿刚开始写作文的时候，有的文章会写得很长，因为她会把所有的细节都写出来。

有一次，女儿告诉我她做了个十分惊险的梦，我就鼓励她把梦里的情境都写出来，结果她竟然写出了一篇将近两千字的长文。这篇文章情节曲折、文笔流畅，语文老师给了她很高的评价。

我觉得孩子初学写作的时候，没有必要让他遵循什么文法，也不该给孩子设置条条框框，就让孩子写身边的人和事，怎么想就怎么写，先练"把事情写出来"和"写出真实感情"的功夫。对于孩子来说，能把发生在自己身边的事情原原本本地记录下来，就已经很了不起了。等孩子心智成长到一定程度，再教给他们如何把文章写得更漂亮。

我女儿正是这么走过来的。到五六年级的时候，她的文章就已经写得非常漂亮了，不仅言之有物，而且文笔优美。

女儿上高一的时候，我跟她的语文老师交流高考作文的事情，我表示很担心孩子因为天马行空的思维而跑题，影响高考成绩。她的语文老师告诉我："高考的作文不怕跑题或者结构性错误，因为到了高二高三我们会专门训练这个能力，这种错误好纠正。怕的是孩子们没有话说，写出来的文章干巴巴的，这样的缺陷就难以弥补了。"

当然，要想让孩子的文章写得出彩，还得让孩子有丰富的生活阅历和阅读积累。有了丰富的生活阅历才能言之有物，因为作文如同做饭，"巧妇难为无米之炊"；丰富的阅读积累则会让人词汇丰富且能引经据典，笔下生花，言之有物，更具有说服力。

我们且不说孩子情操的陶冶和富有情调的人生这么高远的东西了，就说如今的语文考试，高考的阅读理解和写作占了很大的分数比重。女儿高考时语文总分150分，其中阅读部分共75分，作文60分，这两项就占了135分。可见，阅读和写作在语文学习里是多么重要，可以说，"得阅读和写作者，便得语文"了。2013年，北京市教育考试院公布中高考改革方案，突出语文作为母语学科的重要地位，从2016年起，中考语文卷总分值由120分增至150分，高考语文也会从150分上调到180分。无论考试卷子的分值如何变，阅读和写作都不仅是学好语文的好方法，也是语文学习的目的。我认为，阅读和写作应该练好"童子功"，在小学里就把基础打牢，上了中学以后就会省力许多。因此，家长要配合学校，在小学的时候就引导孩子多阅读并且练习写作，早早地让孩子爱上阅读、爱上写作。

引领孩子进入英语世界

家长是孩子的贴身老师，关于日常生活可以教导孩子，学习上同样也可以教导他们，因为只有家长才最了解自己孩子的特点，才能想出真正能够帮助孩子的办法。

在所有功课里，女儿的英语学得最轻松，成绩也最好。不过，她从小到大，只在高一的时候为了考托福，找老师辅导了一段时间的考试技巧，其他的课外班从来没有上过。在我的印象中，英语考试她总是名列前茅，最后的高考也取得了非常不错的成绩。每每跟先生聊起，他总说，女儿的英语学得这么好，跟我在她小学阶段的正确引导有非常大的关系。

女儿是从幼儿园就开始接触英语的。那时候，她看到我买水果，常常会"apple""orange""strawberry"地念念有词，早晨起来还会用"good morning"跟我们问好。看着那么小的女儿会说英语，我很欣慰。想当年我上初中才开始学英语，清楚地记得老师在讲台上教发音的时候，大家在下面笑成了一片。

女儿正式学英语应该是从小学一年级开始的。当时，她所在的清华附小用的是清华大学出版社出的"一条龙英语"教材，每个学期下发的英语教材都有一套和课文配套的英语磁带。每天晚上，女儿一上床睡觉，我就把英语磁带放到录音机里让她听。

我家有个非常古老的录音机，我怀女儿的时候就是用这台录音机每天播放胎教音乐，后来我们也把它带到了北京。女儿上幼儿园时，回家就要听故事，我有时候实在太忙了，根本没时间给她讲，于是就用录音机给她播放买回来的系列故事磁带《故事盒》。女儿听了一段时间的《故事盒》后，就能一字不差地给别人复述下来，连播音员的声音特质都能模仿得惟妙惟肖。

小孩子的模仿能力非常强，就听到的东西而言，只要听明白了，就会模仿得非常好。听故事如此，听英语也应该可以。

于是，女儿一上小学，我家录音机每天晚上都播放女儿的小学英语课文。磁带的一面播完，大概需要半个小时，女儿也差不多睡着了。第二天晚上，我们再翻过来听另外一面。就这样，一个学期反复地听这一盘磁带。其实女儿也是迷迷糊糊听的，毕竟英语磁带里的东西不像故事那么吸引人，而且又是躺在床上听的。然而，就算这样，女儿听过一段时间以后，就把所有的课文都背下来了，而且发音非常准确，因为她模仿的是磁带里播音员的声音。这样，到了课堂上听老师讲课的时候，她非常轻松就能掌握课文的内容。

当时只是一闪念，让女儿把英语磁带当作"催眠曲"，没想到取得了这么好的学习效果。因为效果好，而且女儿养成了习惯，所以她一直到高三都用这种办法听英语。只不过后来她变成了自觉自愿，高中的时候，她会把课文的音频和《新概念英语》都拷贝到MP4里，有空就听。

英语是语言学科，我们每个人学说话都是从"听"开始的。每个孩子生下来都不会说话，却每天都会听到周围大人说话，因此，在还不会说话的时候就听懂了许多话。为什么许多两三岁的孩子一张口就"语出惊人"？原因就是他们从大人那里早已听会许多复杂词汇了。

"英语学习应该从听力抓起"，我常跟周围朋友分享这句话。我把英语课文的磁带当孩子催眠曲的做法，已经被周围不少朋友所采用。

其实，训练女儿英语听力，还有一个非常轻松又实用的方法，就是陪女儿一起看英文原版电影。

女儿上五年级的时候，班里来了位随父母从新加坡回来的女孩，她们很快就成了好朋友。因为新加坡的官方语言之一是英语，那个小女孩在新加坡上的又是教会学校，所以她的英语非常棒。后来从她妈妈的口中了解到，她为了女儿能有好的英语环境，就给女儿买了许多英语原版的电影光碟，让女儿有空就看。

她也建议我给女儿看原版电影,来加强英语的学习。

于是,每周五晚上我和先生都会陪女儿看英语电影。小孩子的潜能很大,虽然女儿的词汇量并不大,却能连蒙带猜地看懂那些英语电影。我的听力不行,只能看英语的字幕,勉强明白电影内容。先生则听读都不行,总是着急地问这问那。那个阶段,我们一家三口看了不少英语电影。

电影对白非常口语化而且发音纯正,语速也比孩子拿回来的配套磁带快得多,孩子看了一段时间的电影后,时不时会在和我们的对话中冒出一两个英语句子来。

上了初中以后,女儿的英语老师对她的最初印象就是她的发音非常好,我想这要归功于那些英语电影。而且,看电影这种学习方式,孩子非常容易接受,比听磁带更容易引导,不知不觉中就学习了英语,且还能保持学习兴趣。

我还陪女儿一起看过多部英语话剧,比如美国得克萨斯莎士比亚剧团来华演出《奇迹创造者》,还有英国TNT剧团演出的《罗密欧与朱丽叶》等。周末我还带她到人民大学的英语角跟其他人用英语练习会话。

做这一切的目的就是让女儿轻松自然地进入英语的声音环境里,练就一双"英语耳朵"。这样,在她跟人用英语对话的时候,就不至于第一反应先要把英语翻译成中文,而是直接用英语思维。事实也证明,这些训练让女儿受益匪浅。女儿高考时参加香港大学的自主招生考试,一对一面试的时候她可以滔滔不绝地说到超时，圆桌讨论的时候也可以"舌战群儒"，最终获得香港大学的青睐，便是这些训练的功劳。

我认为学习英语跟学习语文一样，目的无外乎是要让孩子拥有听、说、读、写的能力。如果说每天听英语磁带和看电影训练的是孩子的听话和会话能力，那么记单词则是阅读和写作的基础。

上三年级时，老师开始让小朋友记单词了。一天，女儿从学校回来哭着告诉我，老师让默写单词，她只写对了5个，挨了老师的批评。我安慰她，好好记单词，下次就会好的。然而过了两天，她告诉我自己记住的依然很少，为此女儿非常烦恼。

我翻开了女儿的课本，发现从一年级到三年级，他们总共也没有学多少单词。于是，我把女儿一到三年级所学课本的全部单词按照发音规则列出来。先列元音字母或者字母组合发音相同的单词，比如"book、look、school"或者"bed、get、set"，再把辅音字母发音相同的单词也一一列出来，比如字母b、p、t等。当所有的单词都列出后，我就跟女儿一起读，并告诉她，一般来说，英语单词的发音都有规则，相同的字母或者字母组合发音也基本相同，只有个别会发不同的音。几次过后，聪明的女儿就知道如何记单词了。从此，我再也没有听她说有不会默写英语单词的事情了。

在女儿不会记单词的那段时间，她告诉我，那些平时上英语课外班的同学，英语单词记得就好。我没有问别的家长那些孩子在课外班是如何学习记单词的，但是我知道，我的方法在女儿这里是适合的，而且对她的帮助非常大。

掌握记单词的方法会使英语学习变得轻松很多，否则，英语学习会相当困难。我身边就有一个高一的男孩因为不会记单词，英语成绩一直上不去，以至于虽然他的数理化学得非常好，总成绩排名却很一般。

女儿考托福的时候，看她每天抱着厚厚的一大本单词书在背，很为她揪心。考试结果出来后，她的阅读和写作分数特别高，几乎是满分。这跟她上中学以后阅读英文原版书籍有关系，不过词汇量的积累也让她沾光不少。

警惕孩子偏科

偏科并非天注定，可以通过全面开发孩子的智能来避免。即使在学习中出现了严重的偏科现象，也不是无药可医，但切忌拆了东墙补西墙、捡了芝麻丢了西瓜，使优势科目落后。偏科并不可怕，但却万万不可轻视。

  女儿上学以后，在语文学习上花的工夫最少，学得却很好。起初，我以为女儿在语言学习方面是有天分的，因为她的英语学习也非常省力气，且成绩也一直不错。一直到了中学，虽然功课内容多了，女儿每天花在语文和英语作业上的时间还是极少，可这两科成绩却一直在班里名列前茅。相比而言，数理化就让人头疼得多，无论怎么努力学习，成绩总是不尽如人意。

  我明白"多元智能"理论，觉得女儿的智能优势可能在语言方面。不过，我反思了对女儿的教育过程，其实女儿的语文和英语优势并不见得全是天分使然，也是我们开发的结果。女儿很小的时候，我就每天读儿歌给她听，也给她讲故事，并让她跟着我读或者复述我讲过的故事内容，这些都锻炼了她的语言能力。她上小学以后，我又让她读大量的书，对语文课本是很好的补充。语言本来是相通的，因为语文功底比较厚实，她一开始学英语也比较轻松，再加上每天晚上给她放英语磁带，还经常和她一起看英语原版电影，给她创造了很好的英语环境。因此，表面看女儿花在英语和语文上的学习时间并不多，实际上她在这方面的积累很厚实，那些阅读、看电影都是学习语言的过程，而且是潜移默化的。

而在数理化方面，女儿从小除了跟着老师学习课本知识以外，我们几乎没有对她进行过有意识的开发。更何况，我们也没有让她上过数学类的课外辅导班。

如此想来，女儿的偏科是有缘由的。

因此，我也悟出：孩子小时候的智力开发要全面，否则长大了很容易出现偏科的现象。为此，从初中到高一，她几乎所有的课余时间都在学习数理化，学得焦头烂额还不得要领，最后分科的时候不得不选择了文科。幸亏当初有文理分科，如果不分科的话，女儿是很难成为尖子生的，最后也很难考入北大。即便是后来学了文科，每天也花费大量的时间攻克数学，目的就是为了不让数学拖后腿。

女儿的一个小学同学，学习成绩也是"瘸腿"，不过她偏向理科。这位同学的奥数学得非常好，曾经在北京市获过奖，小升初的时候也是因为奥数成绩好，很顺利地被一所重点中学录取了。那时候，家长在一起聊天，这位同学的妈妈经常跟我说，她的女儿每周末写周记都非常伤脑筋，一篇几百字的文章，往往要写上三四个小时，写出来的东西还不知所云。孩子一听说写作文，就会非常头疼。

原来，她的爸爸妈妈从小就跟孩子玩数字游戏，还通过扑克牌等训练孩子的计算能力，小学一年级时便把孩子送到课外机构学习奥数，所以这孩子的数学成绩非常棒，每天回家写数学作业对她来说便是小儿科，很快就搞定。但是她的爸爸妈妈不经常让孩子读书、听故事，所以她的作文变成了软肋。

孩子天生在智能方面就有差异，会在不同的学科表现出优势和劣势。也许，那位小朋友的优势潜能在数理逻辑方面。但是，我认为孩子最终在学习上的偏科，还是跟早期的智能开发不平衡有很大关系。如果我们能早一点觉察到这一点，并有意识地在算术、数字、逻辑推理等方面多引导女儿，就不会出现高中以后还在为了高考拼命"纠偏"的现象了。

事实证明，那些在中考、高考中取得好成绩的孩子，基本上是各科成绩都很优秀的孩子，而且有不少还是每科成绩都不拔尖，但是各科都很均衡的孩子。而那些偏科孩子，就算有一两科成绩非常好，也会因为某一科成绩过低拖了后腿，最终与自己喜欢的学校失之交臂。虽然我女儿通过努力，在高三的时候数学成绩赶了上来，高考也取得了不错的成绩，却对偏科的危害深有感触。这也说明，偏科是可以避免的，不是"不治之症"。对于小学生来说，防患于未然则是再好不过的了。

那么如何防患于未然呢？我认为可以从以下几方面入手：

第一，树立信心。

家长要仔细观察孩子，及早发现孩子的潜在优势和弱势。在发挥孩子优势的同时，也要时刻看到孩子在弱势科目上的点滴进步，及时地给予夸奖和鼓励，帮助孩子树立自信心。

第二，做一些针对性的辅导。

发现孩子某科偏弱，家长要对孩子进行辅导。比如我的女儿数学比较弱，我们当时就应该跟孩子多做一些关于数学的活动，比如玩玩计算游戏，进行一些逻辑推理等。如果孩子课业不是特别重，也可以考虑参加课外辅导。

无论是家长自己辅导还是课外辅导，对于孩子的弱科，一定要注意知识的基础性和方法的趣味性，这是保证孩子兴趣和自信的前提。既然是弱科，就要从最基础的知识开始学起，让孩子逐步积累，积累到一定程度，孩子的成绩自然会上来，自信也就逐步建立起来了。此外，对于小学生来说，采用趣味教学法可以提高孩子的兴趣，取得好的效果。

我家的教训就是从难处着手却适得其反。女儿数学本来就差一些，五年级的时候我们直接把她送到了授课难度较大的华罗庚数学班去补习，结果不仅于事无补，反而让女儿对数学失去了信心。事实上，奥数也分难度层次，没有奥数基础或者特殊天分的孩子，无论年级高低，都需要从基础的学起，才能起到锻炼思维的作用。针对性辅导，一定不能急于求成，或是"赶鸭子上架"

强制进行。

第三，主动跟老师沟通，让老师帮助激发孩子对学科的兴趣和热情。

女儿小学的时候，我们就找她的数学老师商量，通过老师给女儿"颁发奖品"的办法激励女儿学习数学，效果还是不错的。一般老师都会积极配合家长共同教育孩子的。而且，小学生比较听老师的话，所以一定要利用好老师这一资源。

第四，避免偏科的同时，一定要保持优势科目的领先地位。

避免偏科要"扬长补短"，在弥补不足的同时，一定要小心呵护孩子已经是强项的科目。切忌为了补数学，把本来是强项的英语放松了，或者有的孩子本来在艺术方面非常有天分，可以走艺术的道路，家长却为了提高文化课成绩，让孩子完全放弃自己的爱好，这就是"捡了芝麻丢了西瓜"。

偏科的孩子也许就是一个"偏才"，有一技之长总比什么都不会要强。"新文化"运动的旗手、后来的清华大学校长罗家伦，不是以数学零分、语文满分的严重偏科成绩被北京大学破格录取的吗？学贯古今中外的大师钱钟书，虽然数学15分，不也是以国文特优、英文满分的极端优势进入清华大学了吗？对于孩子来说，让他在某一方面有突出的表现，反而有利于自信心的保持，而自信心能够帮助孩子对弱势科目进行赶超。话说回来，就算弱势真的补不上来，至少孩子也还有给自己"长脸"的特长，成为某一方面的人才。拥有一技之长总比处处平庸要好得多啊！

应对错题有妙招

"人非圣贤，孰能无过？"小孩子在学习上时不时犯错是非常正常的，家长应该接纳并允许他们的不完美。不过，应该如何对待错误，让错误越来越少，最后实现学习成绩的提高？这才是我们家长应该关注的问题，也是我们应该提醒孩子、帮助孩子养成良好习惯的地方。

女儿上小学的时候，我和先生有一次看到报纸上的一篇文章，是一位高考状元在介绍学习经验。其中有一点是说，他的学习得益于错题本的建立。他平时会把写作业或者考试时出错的题目随时整理在一个错题本上，包括做错的原题、答案以及解题思路等，每次考试前，他都会重点翻看自己的错题本，因为那些错过的题目正是自己平时学习的薄弱环节。那位状元说，错题本对学习成绩的提高很有帮助，并且能起到事半功倍的作用。

我和先生看过之后都觉得非常对，就建议女儿为语文、数学、英语各建立一个错题本，每天把做错的题目整理到错题本上。起初女儿很听话，每科都建立了一个错题本，不过整理了一段时间之后就不干了。她认为把错误改过来就行了，再重新整理到错题本上太过麻烦，也没有多大意义。无论我和她爸爸怎么说，倔脾气的她都不愿意再做这个工作，甚至到初中都没有再用过错题本。

上了高中，女儿倒是自己主动地建了错题本，开始认真地整理每科的错题。翻看女儿高中时的错题本，我发现她在整理和复习时，还用不同颜色的笔标注出重点来。我问她建立错题本的效果，她也觉得自己受益匪浅。

不知道那个高考状元是从什么时候开始建立错题本的，女儿小学期间虽然采纳了建立错题本的建议，却没有坚持下来，一方面是我们当时并没有坚持督促女儿，另一方面，家长给孩子提出的建议，孩子用不用，还是得他自己说了算。如果不能从中尝到甜头，孩子肯定是不愿意付出时间和精力去做某件事情的。不过，女儿高中时能重新建立错题本，而且对她帮助非常大，说明错题本这个应对错误的方法还是非常好的。

后来，我在一本介绍学习方法的书里也看到，许多中小学生采纳某位教育专家的建议，随时用错题本整理错误，出错的概率便越来越少，学习成绩有了不同程度的提高。

事实上，女儿小学不用错题本，结果也并不是像她说的"把错误改过来，下次就可以不再犯了"那么简单。有一阵子，我发现她总是重复犯同样的错误。上一次作业中某一道题做错了，过后她也改过来了，但是下一次再有类似的题目出现，她依然会在同样的地方做错，而且自己浑然不觉。当我指出来这个错误并提起上次的问题时，她才会恍然大悟，觉得自己本来应该会的，这次是粗心大意了。重复在同一类问题上犯同样的错误，这其实是基础知识学得不扎实的典型表现，而并不是所谓的粗心和马虎。

我印象最深的是，她在小学六年级结束的那个暑假，要准备初中的分班考试，我便在网上找了一些小升初的练习题打印下来让她做。每次她做完，我都会为她批阅，发现她的英语几乎每次都犯同一个错，就是当遇到一个句子的时态为一般现在时、主语为第三人称单数时，她都忘记在动词原形后面加"s"或者"es"。发现了几次以后，我就想了个办法，在网上搜了一套类似的试卷，把她错过并改正的题目加进试卷中再让她来做。一开始，一模一样的题目她依然会出错，我就只让她接着改错，并不告诉她这个题目之前已经做过了。然后我会再出一套卷子，还是把这个题目加进去。三番两次过后，她才发现卷子中有同样的题目，且是她曾经做错的。她也会问我："这套卷子里怎么有同样的题目呀？"她并没有发现那是妈妈特意夹在里面的。神奇的是，这样反复训练了几次，她就真正记住了这个知识点，从而彻底把类似的问题解决了。

那时候，对女儿数学学得不扎实的地方，我也采用同样的办法帮她解决。

同样是一道题反复做，我采用的却是"有心而无痕"的做法。把做错的题目夹在新的试卷里，孩子起初并无觉察，因此没有抵触心理，而且也会毫无戒备地按照自己的思路去解题，从而最终暴露出漏洞。这样做，比起孩子做错一道题后就让他反复写许多遍的做法，效果要好一些。因为采用后者，一方面并不能达到反复查漏补缺的最佳效果，只会在短时间内对一道题形成思维定式，一段时间之后再回来做类似题目或许还会犯错；更重要的是，这会让孩子有被惩罚的感觉，容易引起他的抵触情绪，也许孩子不会再犯同样的错误，但是自尊心却受到了打击。这种伤害表面看不到，却在孩子心里埋下了负面的种子，对他的成长是非常不利的。

上了中学以后，尤其是到了高中阶段，女儿不仅自觉建立了错题本，还认真对待每一套考卷上的错题，把考卷上的错题作为突破口进行反复练习。到了高三阶段，因为学习非常紧张，来不及把所有的错题整理到错题本上，她便把考卷上的错题用颜色醒目的笔标出来，并把考卷一张不落地收拾整齐，装在文件袋里。到考试前，她会专门抽出时间，重新去看那些卷子上标注出来的错题，提醒自己哪些地方容易疏忽、哪条思路容易遗忘。据女儿说，这种方法的效果也非常不错，可谓事半功倍。

我想无论哪种错题本，应该也同样适用于小学生，而且小学生时间相对充裕，复习效果会更好！只是在刚开始培养这个习惯的时候，孩子在短时间内看不到效果，可能会嫌麻烦半途而废。这个时候，家长们不要着急，不要打骂、责备孩子，而应通过监督、鼓励甚至奖励的方式，引导孩子慢慢养成好习惯，渐渐地，他们便会从中尝到甜头。

课外班的选择要考虑孩子的实际情况

在教育资源参差不齐的社会大环境下,在孩子需求多样的情况下,课外班确实可以弥补学校教育的不足。不过,在选择课外班的时候,一定要考虑孩子的实际情况,考虑是否切实对孩子有帮助,然后再做选择。

我非常喜欢江苏电视台的节目《非诚勿扰》,且不说娱乐性和实用性,观看的同时我总爱琢磨嘉宾们的成长环境和经历,这大概已经成了"职业病"。2012年2月19日英国专场,我对男嘉宾王海杰的印象特别深。当时王海杰就读于英国皇家音乐学院,是位非常棒的钢琴演奏家。他说,他出生于音乐世家,从小非常喜欢弹琴,如果他淘气的话,妈妈会说:"再淘气就不让你练琴了!"

曾经看到有孩子流着眼泪被家长逼着坐在琴凳上,勉强弹琴一个小时,也时常听到家长诉说半途而废的孩子从此再也不愿见到钢琴的故事。因此，王海杰家以阻止弹琴作为惩罚手段的做法真的太少见了，这也表明王海杰成功的背后是他本身拥有的音乐天分和强烈的兴趣爱好。

孩子天生的禀赋是有差别的。美国著名发展心理学家、哈佛大学教授霍华德·加德纳（Howard Gardner）博士指出，人类的智能是多元化而非单一的，主要是由语言智能、数学逻辑智能、空间智能、身体运动智能、音乐智能、人际智能、自我认知智能、自然认知智能八项组成，每个人都拥有不同的智能优势组合。这个理论应用在家庭教育上，就是如果在教育孩子的时候能够考虑到孩子拥有的智能优势，就可以培养出在某方面表现优秀的人才。王海杰在音乐智能方面的表现很突出，他的父母非常明智地开发了他这方面的才能，才使他最终获得了成功。

节目现场有一位女嘉宾一直亮着王海杰的灯，问及她坚持的原因，正是她小时候被妈妈逼迫学钢琴，最后因为实在不喜欢而以失败告终。但是，现在她觉得对不起妈妈，想找一个会弹钢琴的男友回家，让妈妈每天都能听到琴声，以慰妈妈的心愿。我下意识地觉得，因为没有完成妈妈的心愿，这个女孩子一辈子都背负了对妈妈的内疚感，而在以后的日子里始终寻找对妈妈的补偿。我们丝毫不怀疑妈妈当时让女儿学钢琴的美好愿望，结果却可能因为孩子的不适合或者不喜欢而事与愿违。

课外班有时也被称为兴趣班，既然是兴趣班，就应该建立在孩子感兴趣的基础上。我们无法从节目中了解那个女孩和她母亲更多的故事，但现实中就有许多因为没有考虑到孩子的兴趣，孩子和家长在练琴的事情上都痛苦不堪的真实例子。而且在练琴这件事上，这些家庭的规定非常刻板，每天必须练琴多长时间，连几点到几点练琴都是规定好了的，不可更改。女儿小时候有几个玩得很好的小朋友，有时候孩子们正玩到兴头上的时候，有家长就强拉着孩子离开，说是到了规定时间，必须要走，往往因为孩子不愿意离开，导致孩子哭闹、家长生气，这样回去练习的效果能好吗？

在这件事情上，家长不妨和孩子商量，适当增加一些弹性，在孩子不能坚持的时候放一放手，当孩子想练习的时候再练，在尊重孩子的基础上练习，效果会好很多。兴趣班，尤其是艺术课程的选择，比如音乐、美术等，应该让孩子从中得到享受而不是折磨，也应该建立在孩子的自愿而非被逼迫的基础上。孩子虽然小，认识问题和分析问题的能力确实有限，但作为一个独立的人，还是应该给他选择的权利。

孩子学习某种技能，不仅要有天分和兴趣，也要抓住关键期。过了关键期，孩子就不会再有兴趣了。

我女儿4岁的时候，幼儿园老师教他们弹琴，班里有小朋友因为会弹琴，有时也会被老师点名弹一支曲子，女儿非常羡慕，曾经要求我们给她买一架电子琴。然而那个时候我们条件非常差，也没有精力陪她学琴，所以就搪塞了过去。女儿上小学后，我们的经济条件改善了许多，我就想让女儿学习一门乐器，陶冶一下她的情操。然而当我们再跟女儿谈起这个话题的时候,她却断然拒绝了,她觉得那样太浪费时间,与其每天花费那么长时间练琴,不如让她读一本书来得痛快。为了尊重女儿的选择,我们没有再逼着她学习音乐。如果用敏感期来解释的话,女儿已经进入了阅读的敏感期,而她的音乐敏感期被我们耽误了。正是因为这个"耽误",女儿到现在也不会读五线谱,歌唱得也不是很好。这一点,我和先生一直觉得有点对不起女儿。

说到课外班,就不得不提奥林匹克数学和华罗庚数学。

女儿上小学期间,周围的好朋友几乎都去上数学课外班了。我和先生坚持没有让女儿去上奥数和华数,因为看到许多小朋友上了数学班之后,课余要花费很多时间做练习,而且因为奥数和华数的思维系统跟孩子们在课堂上所学的数学有些不同,孩子们接受起来有难度,导致许多参加这种课外班的孩子家长都要跟着孩子在课堂听课,课后再辅导孩子。我就亲眼看到一个妈妈在上班的时候,随身带着一本《华罗庚数学思维训练导引》,一有空就研究数学题,为的就是在儿子遇到问题的时候可以辅导。这一切,在我们看来都是非常痛苦的事情,所以女儿上小学五年级之前,我们坚持没让她上数学课外班。

五年级的一次家长会后,我去见女儿的数学老师,老师问了问我家的情况,批评我说:"凭什么别人家的孩子都可以在周末上奥数课,就你家姑娘要在周末出去玩呢?你们这样的家长会耽误孩子的。"听老师那样说,我也觉得孩子已经上五年级了,应该把更多心思用在学习上，而且相比其他孩子，女儿的数学成绩确实也不占优势。于是，我们为女儿报了一个华数班，结果，女儿只听了四次课就备受打击。因为小学的华数课是连续上下来的，女儿因为前四年的课没有听，一下子从五年级开始听，每次上课就跟听天书似的，自己听不懂已经很着急了，看着周围的同学个个那么聪明，她还以为是自己太笨了。几次课下来，女儿在数学方面的自信心一下子受到了冲击。虽然我们及时停了那个课程，但是却花费了几年的时间进行调整，她在小学最后两年以及初中三年的数学成绩一直都不好，直到高中遇到非常好的数学老师后，她的数学成绩才慢慢赶了上来。

一路走来，总有朋友问我孩子应该几年级去学奥数，我都会结合女儿的教训告诉人家："如果孩子是块学数学的料，就尽早去学，如果觉得孩子一年级去学太累的话，最晚三年级就去学习。"我总觉得，女儿要是从一二年级就开始学奥数或者华数的话，数学成绩或许可以一直都很好，而不会走那么多的弯路。不过，需要强调的是，如果孩子在数理逻辑智能方面比较突出，就去学奥数或者华数，否则就慎重一点，不妨补充一些适合孩子的基础知识。我感觉奥数和华数真的不是所有孩子都适合学习的。学好了，对孩子的数学思维能力有帮助；学不好，就会打击孩子的自信心，反而会事与愿违。

在教育资源参差不齐的社会大环境下，在孩子需求多样的情况下，课外班确实可以弥补学校教育的不足。不过，在选择课外班的时候，一定要考虑孩子的实际情况，考虑是否切实对孩子有帮助，然后再作选择。

课外班的选择，我个人以为应该遵循几个原则。

第一，尊重孩子的天分，也就是智能方面的突出表现。要确定孩子是不是学习该课程的材料，再去有的放矢地选择；第二，尊重孩子的兴趣，只有孩子真正喜欢，才能学有所成；第三，尊重孩子成长的关键期，孩子在不同年龄有不同的需求，错过了关键期也许终生都难以补救。

小升初，总有一款适合你

面对教育资源的不均衡，我们实在是做不了主，但完全可以为自己孩子的成长做主。大家在关注孩子升学的同时，更应该关注孩子的身心健康，尽量让孩子的童年放松一些，快乐一些。

在女儿小升初这一关上，我们的选择很艰难，因为如果择校的话，学校要对孩子进行严格的考试，考试成绩合格才被允许升入。

当初北京小升初的录取方式大概分几种：一部分是音乐、美术、舞蹈等方面特长生的录取，这些孩子要在目标中学报名参加相关的测试，成绩合格就会被提前录取。另外一部分就是择校生的录取，各学校对报名的孩子进行语文、数学、英语等学科的考试，根据成绩择优录取，其中更多的是考查奥林匹克数学或者华罗庚数学的学习成绩。还有一部分就是电脑随机派位，本着"就近入学"的原则,每所小学都有几所对应的初中,至于被派到哪所初中,就要看运气了。

由于女儿所上的清华附小电脑派位对应的都是非常一般的学校,我们便选择了择校入学的方式。因为从女儿上幼儿园到小学毕业,我们都住在清华、北大附近,所以选初中的时候也锁定在附近的几所学校——清华附中、北大附中、一零一中学、北达资源中学、上地实验学校,希望能有一所中学录取她。

于是,六年级的时候,女儿先和她的一帮同学参加了北大附中组织的资源杯考试。这个考试虽然考的是语文、数学、英语三科,主要考查的却是孩子的奥数成绩。女儿的有些同学从小就开始学习奥数,所以考得很不错,有一个男孩就因为在资源杯考试中数学成绩突出而被北大附中录取了。女儿没有学过奥数,一下子就被考蒙了。清华附中组织的紫光杯竞赛,也主要考查孩子的奥数成绩,女儿便没有报考。

除了考试,各学校招生工作开始后,也收取孩子们的资料,从中筛选各方面都优秀的孩子。

3月的一天晚上,女儿的班主任打来电话,让我们立即为女儿准备一份资料,学校准备在第二天给附近的一零一中学送去,为孩子们争取一个录取机会。她特意叮嘱我们,把资料准备齐备一些,因为女儿的数学成绩不突出,只有用这些资料来吸引中学了。

放下老师的电话,我以女儿的名义写了一篇《一个小学生的履历》，开头一段是这样的：

　　我叫李若辰，是清华附小六年级五班的小学生。我的小学生活用几个字来概括，就是"全面优秀、充实快乐"。我充分相信自己是一个优秀的小学生。在六年的时间里，我做了许多事情，学到许多知识，获得了许多奖励。我还是一个性格开朗、爱好广泛的女孩，我爱好读书、画画、游泳、滑冰、爬山等。

　　下面，我罗列了女儿小学期间的事迹和奖励等具体内容。

　　履历写好后，已经晚上10点多了。带上我收藏的女儿小学阶段所有的获奖证书和6年的学校评价手册，先生去外面找了个24小时营业的复印店，为女儿整理了一份非常完整的资料。等整个资料装订好，先生回到家时，已经是凌晨了。第二天早晨，女儿上学的时候把那份资料带到学校交给了老师，被老师当作范例展示给全班同学，要求全班同学准备资料时就按照我家的那份来准备。那份资料到现在我们都还保存着，A4的纸共计50多页。

　　结果，一零一中学并不接收小学集体送去的学生资料，而要求在他们开始招生的时候由家长分别带着资料去，由他们审核。

　　后来，我们复制了好几份资料，给清华附中、一零一中学、北达资源中学、上地实验中学分别送去了一份，然后等待消息。

　　我们当时对清华附中抱了很大的希望，虽然女儿的数学成绩不是特别好，但是她有海淀区"三好学生"的荣誉，我们觉得清华附中好歹也会给她一次面试的机会。女儿也特别想上清华附中，因为她的同学大多数是清华教师的子弟，可以直接升入附中，她非常渴望能够再和小学的同学们一起走过初中三年。然而一直到4月底，我们仍没有等到清华附中的任何消息，也没有等到一零一中学的消息，只有上地实验学校在面试的时候告诉我们女儿被录取了，7月份去学校参加分班考试。

上地实验学校是一零一中学的分校，是公办民助的学校。这所学校虽然比不上女儿心目中向往的清华附中，却比学校电脑派位的那两所学校都要好，所以我们也可以放心了。

5月1日，正在苏州狮子园游玩的我们，接到了一零一中学打来的电话，通知女儿5月3日去参加他们学校的电脑测试。欣喜和兴奋之下，我们紧急订票于5月2日回到北京。5月3日，女儿去一零一中学参加了测试，跟其他学校不同，一零一中学用的是一份综合试题，且采用微机测试，每个孩子一台电脑，在屏幕上答题。女儿说题量非常大，答题时间非常紧张。

后来女儿的班里只有一个孩子接到了一零一中学的通知，女儿则以2分之差没有被一零一中学录取，最终只能去上地实验学校了。在7月份的分班考试中，她取得了不错的成绩，被分到了实验班。虽然女儿初中就读的上地实验学校在北京市并不是有名的初中，但那三年女儿过得很快乐，并在中考时如愿进入一零一中学的高中部。

从女儿参加小升初的历程来看，我的总体感觉是：家长应该有一颗平常心，尽力为孩子做准备的同时也要顺其自然，孩子是哪块料，就进哪座"庙"。孩子层次不同，所进的学校自然也就不同，"适合的就是最好的"。事实上，也有不少家长通过各种渠道让孩子进入自认为很好的初中，结果三年后孩子并没有取得预想中的中考成绩，而又落到那些普通高中甚至是比较差的高中。不是说让孩子进入重点中学有什么不好，需要注意的是，如果重点中学不适合孩子的话，孩子进去后面对如林的强手，反而感觉压力很大，时常生活在自信不足的状态里，这对孩子的成长是不利的。

女儿小升初的时候，相比其他家庭我们算比较放松的，但我还是对当时经历的艰难选择、紧急准备资料、轮番参加考试等事情记忆犹新。然而，比起现在的孩子们，女儿算是幸运的了。

如今北京地区小升初的竞争更加激烈。周围有不少朋友的孩子，为了能进入一所好的中学，从三四年级就开始到各个中学去"占坑"，即参加中学组织的培训班，希望通过这些培训班的不定期考试脱颖而出，到了五六年级的时候及早与学校签订录取协约。为了升入重点中学，有的孩子每到周末一大早就出发，像赶场子一样被家长领着去不同中学的培训班听课，搞得家长和孩子都非常疲惫。甚至有的孩子因为时间排不开，不能去每个学校上课，也要把钱交了，到时候去参加考试，为的就是不错过每一个机会。许多家庭在这件事上耗费了大量的精力和财力，最后并不见得有好的结果，所以大家把所谓"占坑班"也叫作"坑爹班"。

这种听起来有些"变态"的情况之所以存在，一方面是教育资源不均衡惹的祸。不同中学之间硬件环境、师资力量、教学质量、升学率都有很大的差别，这些差别可以说是导致小升初择校这一"怪病"持久"高烧不退"的主要原因。另一方面，这也是广大家长的功利思想推动的。我很理解家长朋友们，谁不希望自己的孩子能够上一所好的学校？我的女儿虽然没有升入北京市的名牌初中，但也是通过择校的方式进校的。正是家长的功利思想在作怪，让本该在放学以后投身大自然或者尽情玩耍的孩子们承受了许多额外的负担，让本该充满快乐的童年生生地被残酷地剥夺了。

04

品格

我们要
彼此听话

父母想要孩子长成一个负责任的人,
就要趁早给孩子学习的机会,并尽其所能教给孩子,
以防孩子将来变成"啃老族"和"白眼狼"。
孩子终究要离开父母独立生活,独立生活是需要生活技能的,
而这些生活技能不可能在学校里学到,
只能在家庭生活中习得。

兄弟姐妹，
要"共赢"不要"输赢"

这种竞争很正常，家长首先要看到孩子表现背后的渴望，然后用正确的方式来照顾两个或者多个孩子的感受。同时家长也要明白自己的任务，那就是帮孩子们建立和谐有爱的关系，组成互助合作的团队，而非互相排斥和对立。

我们国家的生育政策调整之后，很多家庭生了二宝、三宝甚至更多的孩子。于是，如何养育好多个子女成为年轻父母实际又迫切的需求。

我见到过一个11岁的男孩子，弟弟比他小6岁，弟弟刚出生的时候，他总是无缘无故闹脾气，甚至出现退行现象——六七岁的孩子像两三岁时一样缠着爸爸妈妈，要爸爸妈妈抱他。到了10岁，男孩对弟弟的排斥变本加厉，强烈要求爸爸妈妈把弟弟送走，否则就天天打弟弟。无论爸爸妈妈如何讲道理，甚至打骂，这个哥哥就是没有办法跟弟弟友好相处。无奈爸爸妈妈把二宝送到了姥姥家，每天在家安顿好哥哥后，还要跑到姥姥家关照弟弟。

在问这个孩子为什么要这样做时，他说是因为弟弟抢走了爸爸妈妈对他的爱，他希望弟弟彻底消失。

我用一些玩偶摆出家里每个人的位置，这时男孩子发现在弟弟到来之前，自己独享了父母6年的爱，同时也感受到弟弟的无辜，开始在内心和弟弟建立联结。

这个例子有些极端，但其实很多家庭里弟弟妹妹到来的时候，大宝都会受到冲击，从而出现一些"非正常"的表现。因为弟弟妹妹出生后，家中大人的注意力会转移到他们身上，对大宝的关注就不像以前那么多了。大宝会觉得爸爸妈妈不再爱自己了，感受到被忽视，从而内心产生恐惧。

多子女家庭里的竞争是天然存在的，如果家长们又不能很好地安抚到每一个，孩子们之间的竞争也会更多。因为每个孩子都想要专属于自己的爱，说到底就是向世界宣告"我才是最重要的"，这是生命在为自己发声的一种表现。

这种竞争很正常，家长首先要看到孩子表现背后的渴望，然后用正确的方式来照顾两个或者多个孩子的感受。同时家长也要明白自己的任务，那就是帮孩子们建立和谐有爱的关系，组成互助合作的团队，而非互相排斥和对立。

那要如何做呢？

首先，在弟弟妹妹出生前后，要照顾大孩子的情绪。

在弟弟妹妹出生之前，大宝总是独享大人的爱，通常祖父母、外祖父母和父母都会围着他转。有了二宝，家中大人的注意力很可能都转移到了二宝身上，如果大宝还比较小，比如6岁前，当另外一个小孩和他分享爱的时候，他就会产生一种不被爱的恐惧，有可能因为怨恨而发脾气，甚至偷偷打弟弟妹妹。

我们要清楚，就算二宝出生，大宝也依然是小孩子，同样需要家长的爱和陪伴。就算孩子已经是中小学生了，也会有被冷落的失落和孤独感，伴随着这些感受而来的就是对弟弟妹妹的嫉妒。因此在二宝出生前后，大人都要关注大宝的情绪。在二宝出生前就要告诉他，爸爸妈妈从此会有两个可爱的宝贝，他也会有一个小弟弟或妹妹陪他玩。

要帮助大宝和二宝建立联结，可以让大宝和大人一起参与弟弟妹妹的养育工作，比如可以给他机会抱着弟弟妹妹，让他摸摸弟弟妹妹的小脸、小手、小脚，或者帮助家长洗晒尿布等。一方面让他体验生命的神奇，同时也让他感觉到小婴儿是那么弱小，的确比他更需要照顾。让孩子参与到对弟弟妹妹的照顾中，他就会感觉到自己的存在和强大，内心深处的柔软和慈悲也会被激发出来，不仅不会嫉妒了，还会学着主动呵护弟弟妹妹。

第二，不要拿孩子们做比较。

多子女家庭本来就存在着竞争的暗流，父母的同等关爱特别重要。家长如果不小心拿两个孩子做比较的话，被比下去的那个孩子就会压抑很多情绪，对成长产生负面影响。

我认识一个朋友，她的两个孩子只差一岁，从小姐姐就表现得很乖巧，学习成绩也好，常常被家长夸奖。爸爸妈妈不由自主地就会对弟弟说"你看你姐姐学习那么好，你要向她学习"，或者"你姐姐见到人就知道打招呼，你看你就不像你姐姐！"家长这样做的目的是希望弟弟也可以努力像姐姐那样，并没有恶意，殊不知却伤害了弟弟的感情。

两个孩子小的时候，每当家长这样说，弟弟总是低着头不吭气。有一天弟弟终于爆发了，哭得非常伤心，说他从小就活在姐姐的阴影里，家里人都只看好姐姐，谁也看不上他，他再也不要做这样的人了。看到孩子这样，爸爸妈妈才如梦方醒，原来他们一直同样疼爱的儿子内心藏着这么大的委屈。

另外一个妈妈分享，她的两个女儿年龄差距挺大，两岁的妹妹总是打姐姐。有一天，妹妹又打姐姐，妈妈心疼大女儿，就一边搂了一个跟小女儿说："你是妈妈的小宝，姐姐是妈妈的大宝，妈妈爱你，同样也爱姐姐。"小女儿听了妈妈的话，竟然哭了，伸手就给了妈妈一巴掌。妈妈逐渐明白，小女儿一出生就面对爸爸妈妈和姐姐，她一直在寻找自己的位置，她的行为就是在表达："我也想做妈妈最可爱的宝宝，我希望妈妈的爱只给我，不给姐姐。"你看，就算妈妈不做比较，孩子也会在心里暗暗打量爸爸妈妈到底给谁的爱多一些。后来这位妈妈在人多的时候会分别正式介绍自己的两个孩子，并有意识地把妹妹放在前面介绍。慢慢地小女儿就变得安静下来，因为她感觉到了自己的存在，并且也感觉到了自己在妈妈心目中的重要位置。

第三，和不同的孩子单独约会。

独生子女得到的爱是专属的，多子女家庭要做到这一点很难。然而每个孩子都希望可以得到父母给自己专属的爱，那么和不同的孩子单独相处就是一个好办法。

美国著名的子女教育专家麦道卫博士在他的《六A的力量》一书中写到，他有四个子女，虽然他非常忙，但每周都一定会抽出时间保证和每个孩子单独相处。他去购物或者处理杂务的时候，就会带上一个孩子，利用路上的时间聊聊天，他会选择和一个孩子一起共进午餐，每次出差也会带着其中一个孩子同行。他的目的就是尽量多地和每个孩子单独相处，让孩子们觉得爸爸是在乎他的，是爱他的。

麦道卫先生还和他的妻子多蒂商定，他们夫妻要不定时地分别和不同孩子单独相处，这样孩子们就不会觉得不公平，也就不会争宠了。

第四，调整爱的频道，满足每个孩子的期待。

孩子竞争的另外一个原因是想要公平，而在孩子眼里，公平的概念很可能就是"你给我的和你给他的要一模一样"。

有位朋友说她小时候总觉得妈妈偏向姐姐，因为她印象最深的一件事情是有一年过年，妈妈给姐姐买的是红色的新衣服，而给她买的是蓝色的。从那时起，她就觉得妈妈不公平，耿耿于怀很多年。后来她跟妈妈说起此事，妈妈非常惊讶，压根没有想到自己当年一个举动让孩子"记仇"了这么多年。妈妈说当时觉得女儿穿蓝色衣服很帅气，所以特意给她选的蓝色。

每个孩子都是独一无二的，就算是同一对父母所生，孩子的性情也会截然不同。不同性情的孩子对爱的需求也不同，因此家长要仔细了解每个孩子的内心需求，给予他需要的爱。这对忙碌的家长们来说的确有挑战性，但为了孩子，需要对此下功夫，毕竟我们都希望孩子成长得健康快乐。

要想了解孩子的需求，可以准备一些巧妙的问题，比如：

假如你能把我们的家庭改变一下的话，你会怎么改？
假如你是爸爸或者妈妈，你会怎么做呢？
你什么时候最开心，什么时候最伤心？
你喜欢吃什么菜？
……

通过问问题，你会发现孩子们是多么的不同，你也可以获得意想不到的答案，然后就会明白每个孩子都在想什么，他们的期待分别是什么。明白了孩子的想法，就可以有针对性地关爱不同的孩子了。每个孩子得到的都是他需要的爱，也就没有必要争风吃醋了。

第五，家长可以和孩子一起读相关的图书。

年纪小的孩子，直接讲道理他们往往听不进去，家长可以和孩子一起阅读相关的图书，让孩子明白父母不能专属于一个人。

李一慢先生是一位拥有两个孩子的爸爸，同时也是一位教育专家，他就和他的孩子们读了一本关于争宠的绘本《爸爸是我的》，这本书用夸张的图片和文字描绘了两个小姐妹互相争爸爸的故事。故事讲的是：每天姐妹俩都会争爸爸，看电视的时候争，玩游戏的时候也要争。"爸爸是我的！" 妹妹捂住爸爸的眼睛大声说道，"爸爸是我的！"姐姐紧紧拉着爸爸的胳膊说。一天爸爸带着姐妹俩在公园散步的时候，她们各抱着爸爸的一只胳膊使劲地拽，结果爸爸被拽成两半！这样的爸爸什么也做不了，最后姐妹俩不得不把爸爸粘在一起，也意识到爸爸不是一个人可以独占的。

李一慢先生就是用温暖的故事来调节他两个孩子的情绪，帮助孩子们在温馨的故事情节中学会去接纳彼此。在一起读书的过程中，他教会了孩子们爱别人、爱自己。

第六，设计促进孩子们合作友爱的游戏。

有两个或者更多孩子的家庭，经常会有孩子告状，或者几个人争抢一个东西，家长常常会有"按下葫芦起来瓢"的烦恼，令人抓狂。

他们都是孩子，很难指望他们会主动变得谦让或者合作。对此，家长们可以制定一些家庭规则或者设计一些游戏，减少他们打成一团的情况。

可以定期召开家庭会议，大家一起讨论关于兄弟姐妹间相处的家庭规则，讨论出来的共识可以张贴在家里比较醒目的地方，确保每个人都能看到。

那些规则可以是：

兄弟姐妹之间彼此友爱

每个人都可以表达自己的想法

遇到问题时要平心静气地讨论和解决

尊重彼此的差异

……

如果他们争着要玩同一个玩具，家长可以让他们在玩之前就共同商讨出一个方案，比如一个人玩几分钟后，另外一个人再玩。教会他们使用计时器，如果有人犯规，要接受小小的惩罚，使他们在游戏中学会遵守规则。

关于合作，《15分钟养育》的作者乔安娜·福琼设计的游戏是"传气球"。游戏规则是两个人不用手触碰气球，用身体夹着把气球传送给在一定距离之外的另外两个人。这对默契和合作的要求是很高的。要想传球成功，两个人的距离不能近也不能远，近了气球会爆，远了气球就会掉下去。在家里玩这样的游戏，气氛非常欢乐，还可以增进彼此间的凝聚力，通过游戏孩子们会发现互相协作是非常重要的。

虽然我不是多子女家长，但我自己有六个兄弟姐妹，回想我的成长经历,就会发现孩子们虽然打斗不断,但又相亲相爱、彼此依赖。长大后更是互相帮助,成为彼此最有力的社会支持系统。所以家长们不必追求完美,期待自己时刻都能让所有的孩子满意。尽你所能做到自己认为最好的,就等着享受孩子们长大的成果吧!

孝敬父母，从大人做起

随着年龄的增长，孩子会从各个渠道懂得孝敬父母的道理，但是无论日后了解的孝道是什么样的，对孩子影响最大的，还是他小时候看到的家长的做法，这些定会潜入他内心深处，达到润物无声的效果。

有一年我看到北京大学"中学校长实名推荐制"的实施细则里，首次提出了学生不得被推荐的标准，其中有一个标准就是"不孝敬父母者不得被推荐"。这一细则一经提出，就引发了各种争议。虽然"孝敬父母"是一个不可量化的标准，却体现了北京大学招收学生的一个最基本的要求，也应该说是底线。在中国人的道德观念里，"百善孝为先"。一个人只有懂得感恩生养自己的父母，才能处理好与同学、与同事的关系，以至更广泛的人际关系。北京大学把这一点引入招生的标准，我认为是高校社会责任感的一种体现，对家庭教育来说也是非常好的一件事。

其实，作为家长，我生孩子并不是为了老有所养，也并不指望在我将来老年的时候，女儿能为我做多少事。但在骨子里，我还是希望女儿能够尊重我、孝敬我。而且我认为，作为子女，对父母最起码的责任感还是应该有的。只是这样的责任感不会不请自来，孩子也要在成长的过程中慢慢学习，而且教授这一课程最好的老师就是父母。

女儿小学的时候有一个男同学，因为孩子们经常在一起玩耍，我跟男孩的父母都很熟，也了解到他们家的一些情况。他从小就跟姥姥姥爷生活在一起，而姥爷在他很小的时候就生病了，生活不能自理。男孩的爸爸妈妈非常孝顺，尤其对姥爷，照顾得无微不至，尽管他们俩的工作都非常忙。白天姥姥在家照顾姥爷，到了晚上，就换男孩的爸爸妈妈来照顾。最让人感动的是男孩的爸爸，他每天晚上都会给老岳父洗澡按摩，老岳父要去哪里，他便用轮椅推着老人到处走。此外，男孩的妈妈经常出差，她一走，照顾老人的任务就落在了男孩爸爸的身上。就这样多少年如一日，在看着爸爸妈妈悉心照顾姥爷的日子里，男孩长大了。2011年高中毕业后，男孩以非常优秀的成绩，被美国排名很靠前的杜克大学录取，立志做一名化学家。

我记得，那时候孩子们在一起玩，这个小男孩就显得比别的小男孩稳重、懂事，在妈妈面前，也没有别的小孩子那么矫情。小男孩在家里有时会帮助爸爸妈妈照顾姥爷。令人惊奇的一个现象是，这个孩子从小到大从不顶撞父母，就算在青春期的那几年，跟爸爸妈妈的关系说不上亲密，但是从来没有发生过矛盾，凡事总是跟父母商量着处理，这在如今的青少年中是非常少见的。这个孩子的懂事和孝顺，应该跟从小看着父母孝敬姥姥姥爷有很大关系。我想他也一定非常孝敬爸爸妈妈。

女儿曾经在奶奶来北京看病的时候，对我们全力照顾奶奶而忽略她的行为非常有意见，我们给她做了大量的工作以后，她才明白道理，接受了奶奶在家里的事实。这其实就是因为我们没有和她的爷爷奶奶住在一起，没有起到孝敬父母的示范作用，而导致孩子自私。

我们也许时常把"孝敬父母"挂在嘴上，但对小孩子来说却很空洞，看不到大人如何做，单靠听大人讲，他不会明白到底是怎么一回事的。

这让我想到了从小就听老辈人讲的一个关于不孝的故事。有一个男人要用车子把不中用的老母亲送到离村很远的沟里，想让她自然死去，因为路途坎坷，男人便让儿子帮忙。送到地头后，男人想把车子也扔在那里，儿子不干，非要把车子再拉回去。男人不解，问儿子干吗非要把车拉回去。儿子说："日后你不能干活的时候，我也好用这个车子把你拉到这里来啊！"男人听了儿子的话，羞愧难当，当即又把老母亲拉回家，并孝敬有加，直到老母亲去世。

这个故事说明，父母的榜样力量非常强大，我们孝敬父母，孩子才会孝敬我们，否则，就别怨恨孩子将来长成"白眼狼"了。

有一年暑假，我带女儿回老家看望我的父母。我们刚到家，我父亲就患了肺炎，喘气喘得非常厉害。村里的医生给他打了几天吊针也不见效，后来，我就把父亲带到县医院去看病，并悉心照顾。过后女儿写了一篇日记，非常详细地记录了当时的情况，并表达了她自己的看法：

从那天开始，妈妈就日日夜夜地陪着姥爷、照顾姥爷，实在累得不行了，才让人替她看着姥爷，自己才去休息。姥爷暂时还不能活动，厕所又离得挺远的。妈妈为了让姥爷上厕所时方便，就特意给姥爷买了一个像马桶一样的椅子，中间有个洞，洞底下还有个小桶。有了这个椅子，姥爷要上厕所时，只要坐在那个洞上，就可以方便了。姥爷吃饭和喝水的时候，很不方便，所以妈妈就向护士阿姨要了一个打吊针时用的管子，把它剪出一小段，姥爷喝水、喝汤的时候把管子的一头放进水或汤里，只要在另一头吸就可以了。吃饭的时候，妈妈就一口一口地喂姥爷吃。

总之，妈妈为了让姥爷尽量少运动，能代姥爷办的就代办，不能代办的就尽量让姥爷减少运动量。为此，我很感动，心想：如果有一天，妈妈或爸爸生病了，我一定会像妈妈照顾姥爷那样关怀备至地照顾他们。

这篇日记后面表决心似的话语看着确实有些稚嫩、有些好笑，但我觉得女儿还是从妈妈的身上看到了孝敬的真实表现，这对她产生了深刻的影响。

要想让孩子将来成长为一个孝顺的人，家长只需自己做到孝顺就可以了。孩子会在日常生活中，把父母的所作所为看在眼里，记在心里，并逐渐内化成日后自己的行为。

教育专家孙云晓曾在他的微博公开向广大博友征集《家长教育行为规范》的建议，我也积极参与，给孙老师提了几条，首条就是家长要孝敬自己的父母。我们家长在给孩子做好孝敬父母的示范时，应该注意几点：

第一，和父母一起居住的年轻家长，每天临走前和回家后要主动跟父母打招呼，这便是《弟子规》所说的"出必告，返必面"。自主自立，主动承担家里的家务劳动和财务责任，不做"啃老族"。

第二，如果和父母分居两地，要经常给父母打电话问候，让孩子感觉到虽然祖辈不在跟前，但是爸爸妈妈还是关心他们的。节假日有条件就带孩子回去看看。

第三，父母年老时要尽赡养义务，而且要义无反顾地去做。

这一切，看似是作为子女的我们应尽的责任和义务，对于孩子来说，却是在教给他们如何对待自己的父母。

培养孩子的责任心

孩子终归要成为社会人，只有让孩子从小就考虑他人利益和集体利益，他的社会责任感才能培养起来，这也是孩子健全人格的一部分，我们家长有责任为孩子考虑并教好这一堂"做人"课。

有一次，女儿和她的好朋友约好了周日下午去书店看书。时间到了，我带着女儿赶到小朋友家去接她，那个孩子的爸爸却坚决不让孩子出门，理由是孩子没有在规定的时间内写完作业，作为惩罚一个下午都不许出门。女儿和那个小朋友非常着急，但是任凭两个小姑娘怎么央求，那位爸爸都不松口。

我理解那位爸爸的心思，他的目的是让孩子记住，不在规定时间内完成任务就要损失别的机会。所以，我告诉女儿这次我带她一个人去书店看书，下次再和小朋友一起去。然而我们离开的时候，那位小朋友流下了委屈的眼泪，女儿也非常沮丧，跟我嘟囔:"妈妈,她说话一点都不算数,我以后不想和她玩了。"

这是孩子遇到的一个典型的学习问题和做人问题发生冲突的事例。

在我家,若是遇到这种情况,我会让女儿做选择:一种选择是跟着小朋友去书店看书,从书店回来后加班完成作业;第二种选择就是不去书店,在家完成作业,这样就不用加班了。一般来说,女儿会先放下手头的作业,和小朋友一起完成约定好的事情,回来再写作业。其实,我心里是支持女儿先去和小朋友看书的,让她选择只是对她有个警示作用,也锻炼一下她做决定的能力。而且我觉得,学校里的作业老师都要检查,孩子很听老师的话,怕挨批评,也怕在同学中丢面子,一定会想办法把作业写完的。事实上,女儿也经常是这样。因此,我很少督促女儿写作业,只是在我们有活动的时候会征求她的意见。

我觉得,完成作业固然重要,但是做人对一个孩子来说更加重要。那位爸爸的做法让孩子失信于朋友了,也许从此以后那位小朋友在女儿的眼里就是个不守诚信的人了。在我的记忆里,那位小朋友依然是女儿非常要好的朋友,但也仅限于在学校里,她们真的很少相约出去玩了。如果这个孩子跟别的小朋友也是这样的话,她的童年实在是失去了一些宝贵的东西。

若从孩子的心理需求层面分析,作为独立的人,孩子也需要得到尊重,也有选择的权利和自由。

其实,在我们走后,那个小朋友一定会沉浸在郁闷的情绪里，就算她勉强待在家里写作业，效果也不会很好。与其这样，不如让孩子放松放松，回来后再专心地去完成作业。如此，孩子既玩好了，又不会在小朋友面前丢面子，还会提高学习效率。

还有一件事给我的印象特别深。四年级一结束，女儿最要好的朋友美琦就转学到中关村一小了。放暑假的第一天，美琦想请几个好朋友在麦当劳吃饭，吃完饭还请他们去清华大学游泳馆游泳。作为她最好的朋友，女儿当然也在被邀之列。但是，几天前我跟"华尔街英语"培训机构已经约好了，那天要去给女儿做一个英语水平测试，两件事正好冲突了。我当时觉得和小朋友一起吃饭还可以再约，相比之下英语测试更重要，况且该机构业务很多，约一次不容易。于是，我就说服女儿去了"华尔街英语"测试，而没有让她参加美琦的送别聚餐。

回来后，女儿在我们家的"BBS"上写了这样的话：

爸爸、妈妈：

我错过了美琦的欢送派对，也错过了或许是最后一次和美琦游泳的机会。我很难过，我想大哭一场。美琦到了那个学校要补一年的课，你说美琦哪儿还会有闲工夫去玩、去游泳呢？这样一来我根本没机会跟她玩了。

在这段话的后面，她还画了三个哭得非常伤心的哭脸。

我看了女儿写的文字和图画，觉得非常对不起女儿，于是我这样回复她：

亲爱的辰辰：

　　看了你上面的话，我心里也非常难过，也许妈妈这一次真的错了，不该让你去做那可恶的英语测试……

　　在回复中，我还跟女儿讲了人生难免会遇到需要做选择的时候，而且每次选择都会有得有失。为此，我们专门为女儿和美琦作了补救，在假期里约美琦和另外一个小朋友到我们家玩了一天。后来真如女儿所预料的，美琦转学后，她们就很少有机会约到一起玩耍了。

　　现在想想，我当时真的没有认真考虑女儿的需求，只是用家长的"淫威"使孩子听从了我的安排，问题看似解决了，负面情绪却压在了女儿的心里。多亏了我家的"BBS"，让我及时了解了女儿的真实想法，如果不能及时对孩子进行疏导和补救，就无意中伤害了她。

　　有了这一次的教训，我们家在做关于女儿的决定前，都要先征求她的意见，达成一致才去实施。尤其是遇到两件事情或者几件事情发生冲突的时候，我们都会尽量让女儿去做选择。这样做，不仅是尊重，也让她在不断做出选择的过程中学会为自己负责。

　　孩子的一生将会走进一个又一个的关系系统。一出生，他就进入家庭系统，上幼儿园时就进入学校系统，将来他还会走入社会这个更大的系统。在大部分时间里，他都在处理人与人之间的关系。所以，培养孩子，不仅是使孩子成为能为自己负责的人，也要使孩子能够考虑他人、考虑自己所在的集体，成为具有集体荣誉感和社会责任感的人。

记得在"非典"过后，班主任让孩子们出一期"非典时期我的非常生活"的板报。女儿和另外三个小朋友组成了板报小组，决定在周六完成。周五他们在学校做了详细的分工，出校门的时候还约好第二天上午九点在学校门口集合，一起去出板报。结果，九点的时候女儿准时到了学校门口，却不见其他人的踪影。打电话联系，负责写字的那位小朋友在路上，负责带照片的小朋友还在睡觉，最重要的是那位负责带彩纸的同学，她不顾同学们约好的事情竟随妈妈去了姥姥家。彩纸就是他们要做的板报的底版，整个板报是要在彩纸上进行写、画并贴上照片的，没有彩纸，其他的工作就没有办法进行。但是那个小朋友已经去了姥姥家，没有办法再回学校。结果，板报没有按时完成，大家一起受到老师的批评，班集体的荣誉也受到了影响。

孩子在走向社会的过程中，总会遇到集体利益和个人利益发生冲突的时候，总要面临跟他人合作的问题。如何处理这些问题，以什么样的方式处理这些问题，都需要从小习得，并且家长在这方面要给予更多的指导。家长在单位有时难免需要加班，常会舍弃自己的事情到单位加班，这不仅仅是为了饭碗，更多的还是发自内心的责任感和集体荣誉感。那么为什么孩子就不能呢？比如去姥姥家，换一个时间还是可以去的，而对于"非典"板报的工作，可能在小学六年中只有这一次，做家长的完全可以让孩子舍弃"小家"为"大家"。关键的问题在于，这不仅耽搁了另外一群小朋友的时间，还影响了班集体的荣誉。这样时间长了，孩子便会认为集体的事情可做可不做，从而变得自私自利。

这让我想到一位家长的话。2009年暑假的时候，学校征集自愿参加建国60周年天安门广场群众方队的人员，结果全班同学都参加了，只有她的儿子宁愿坐在树荫下观看别的同学训练，也不愿意参与进去。当时，那个孩子已经是高二的学生。那位家长觉得她儿子的行为很不可思议，一点男子汉的担当和社会责任感都没有，对儿子很是不满。但我想，她儿子的表现肯定不是偶然的，一定跟他一贯的习惯有关系。果不其然，这个孩子从小就比较散漫。这难道不值得深思吗？

不随便丢弃东西的小女孩

不随便丢弃东西，在当今这个时代，不仅是在传承艰苦朴素的美德，让孩子懂得惜福，从环保的角度讲也可以说是尽自己的力量为社会做点贡献。家长不妨引导孩子，从小事做起，从不丢弃东西做起，珍惜、珍爱自己所拥有的一切。

女儿的小学门房里，有一个很大的柜子，经常是满满的，里面放的都是孩子们的衣服，这些衣服是门房师傅从校园各处捡起来放在柜子里等人认领的。

记得四年级的那个冬天，女儿有一次上体育课时把外套脱下来放在操场的某个地方，下课后忘了穿外套就回教室了，直到下午放学回家才想起来外套还在操场上。

那是女儿很喜欢的一件新衣服，女儿非常着急，噘着小嘴一脸委屈，眼泪都要掉下来了。看天色已晚，我便和女儿一起去操场找，结果找遍了操场都没有找到。她告诉我，也许在门房里，因为她的同学丢了东西经常去门房找，有时候会找回来的。我拉着她去了门房，问门房师傅有没有捡到女儿的衣服。门房师傅没有说话，打开了那个大柜子，柜子里塞满了各种各样的上衣。我翻了半天才翻到女儿的那件衣服，这时女儿才高兴地松了一口气。

我好奇地问门房师傅，柜子里怎么会有那么多的衣服。师傅告诉我，他每天在学校溜达时都会看到丢在各处的小衣服，看到了他就捡回来，等着孩子们来认领。

"不过，有些孩子会来找我要，有些孩子衣服丢了就丢了，压根不来找，家长也不过问。所以，这柜子就越来越满。现在，我不得不使劲往里面塞才能塞进去。"师傅跟我说。

师傅拿起两件衣服说："你瞧，这些衣服都好好的，有许多还是新的。学校只好每年往社区送一次，委托居委会捐给了贫困地区的孩子们。孩子们不懂事，家长也不懂事吗？孩子回去发现衣服丢了，家长也不帮孩子找找？"

我带女儿离开了学校，一边走一边问女儿："同学们为什么都不要那些衣服了呢？"

女儿说："可能都不愿意穿那件衣服了吧！"

我说："有的衣服还是新的呢。"

女儿说："那就不知道了。"

我当时也不知道如何跟女儿讲艰苦朴素、勤俭节约的道理，便没有多说，只告诉她："不管别的同学如何，你可不能随便乱丢东西啊！"女儿点了点头。

女儿小学六年，我和她一起经历了很多类似的事情。

女儿刚上一年级的时候买了一盒彩笔，后来，就再也没有买过，但她一直都有许多彩笔可用。有一次，学期结束时又拿回来一盒彩笔，我问她怎么拿了别人的笔回来。她说她打扫卫生的时候在教室角落捡到这盒彩笔，问了一圈都没有同学要，后来她要交给老师，老师就让她拿回家自己用。为此我还专门跟老师核实了一下，果然就是这样的。后来，她就总是能捡回来"新"的彩笔，所以到小学毕业时便有好几盒彩笔了。橡皮也是如此，女儿小学六年都是"捡"同学们扔掉的各种橡皮，几乎没有自己买过。

一次开家长会，班主任在讲桌的抽屉里拿出多条红领巾，告诉家长们那都是孩子们随便乱扔被她捡起来的。老师强调的是，如今的孩子都不知道检点自己的东西，丢三落四的毛病非常明显，丢了也不知道仔细地找，十分不珍惜，所以需要家长们帮忙教育孩子，让孩子们细心一点。

女儿小时候的这些事情都给我留下了深刻的印象，尤其是那些装满了整个大柜子的衣服，一想起来我就有些心疼，心疼那些没人要了的"新"衣服。现在细想，这些事情并没有那么简单，这其实不是一件衣服、一块橡皮的事情，而是关乎一个孩子是否珍视自己所拥有的东西的问题。小的时候一盒彩笔、一件衣服可以不珍视，那么大了就可能不珍视好不容易找到的工作，也许还会不珍视自己的感情。如今身边有那么多的"月光族""啃老族"和"渣男渣女",会不会跟从小养成的价值观和人生观有关系呢?

从小让孩子明白任何东西都不是白来的,是爸爸妈妈辛苦赚钱买来的,这很重要。女儿小学时候我们租房住,就经常跟她算账,每个月爸爸妈妈赚多少钱,房租多少钱,生活费多少钱,等等。让孩子对自己所使用的东西有个具体的概念,那他就不会随意对待了。

有一次,女儿有个同学的妈妈问我:"你家闺女怎么那么懂事?"原来女儿和她的女儿在一起玩的时候,两个小家伙在讨论买什么东西的事情,她听见我女儿说了句"我家要租房,没有那么多钱的",让她觉得女儿能明白大人的辛苦非常难得。而这其实非常简单,让孩子明白家里的那些东西都是怎么来的就可以了。

更重要的是,家长要以身作则,不随便买东西,也不随便丢弃东西。

我的一位朋友,特别喜欢买衣服,也特别喜欢"丢"衣服。她会源源不断地往家买衣服,有的衣服买回来一次都没穿,过一段时间就放在了楼下的垃圾箱旁边。每次换季的时候,她都要丢掉大量换下来的衣服,等来年再买。这位朋友的女儿就对钱没有概念,妈妈带她出去玩,她从来不问玩的那些奢侈项目花多少钱,想玩就一定要玩。朋友为此很苦恼,我猜想孩子的作风很可能就是受了妈妈的影响。

如今大家的生活条件好了，不用再"新三年，旧三年，缝缝补补又三年"了，但如何处理用旧的东西还是需要考虑一下方式方法，尤其是父母，承担着给孩子树立榜样的"光荣任务"，就更加要注意了。

就我们国家而言，大量边远地区的老百姓生活还很贫困，在城市中条件好的家庭里，家长们不妨和孩子一起把用过的东西收集起来，捐给那些需要的人。起码让孩子了解，即使是用旧了的东西也还可以再利用，避免浪费，那么他才会更加珍惜新的东西，而不至于不想用就随手扔掉。

我和先生是从农村出来的，老家许多人都还过得比较贫困，因此我们用过的东西一般都收集起来，过一段时间就会寄回老家。女儿小时候穿过的衣服和用过的文具，我也不舍得扔掉，而是都寄回老家，让家里的小孩子们用。女儿从小看到我们这样做，便不怎么随便丢东西，用过的东西会主动收起来，送给有需要的人。我想，她把同学们不用的东西拿回来用，也是从小看我们比较珍惜东西，觉得能用的东西就应该重复利用吧。

2011年高考结束后，女儿愣是不舍得卖掉那些她用过的课本和练习册，问她为什么，她说得查查，看看哪些地方的孩子没钱买课本，她好寄到那些地方去。

做，方知生活百味

孩子生活技能的学习和品德的培养，关键是在小时候，父母想要孩子长成一个负责任的人，就要趁早给孩子学习的机会，并尽其所能教给孩子，以防孩子将来变成"啃老族"和"白眼狼"。

女儿小时候穿的毛衣，有些是我给她织的。女儿二年级的时候，有一次，我看她的一件毛衣袖子有些短了，就找出来毛线和毛衣针，想着补织一截让她接着穿。女儿没事儿爱在旁边看我织，一天，她说："妈妈，我看你织得好快好漂亮。织毛衣难吗？我也想学，你教教我吧！"我告诉她学织毛衣并不难，但要织好就要下点功夫。

女儿便缠着要我教她织毛衣，于是我给她找了过去用剩的一团线，拿了两根毛衣针开始教她。

女儿很仔细地看我运针，不一会儿就说："妈妈我会了，让我自己来吧。"

我便把毛衣针递给她。可是毛衣针跟毛线到了她的手里就是不听指挥,不是右手的线挂不住,就是左手脱不了线,半天也没有穿过去一针,不一会儿她头上就冒出了细细的汗,还跟我说:"妈妈,咱们家今天怎么这么热?"我说:"我没有觉得啊,你是不是着急?别急,慢慢来,我小时候学的时候还不如你呢。"

我就又让她看我是怎么抓针、怎么挂线、怎么脱针的,而且我来一下,她来一下,几下过去,女儿就真的可以独立挑出线了。她高兴地搂了我的脖子亲了又亲,高声嚷着:"我会织毛衣了,我会织毛衣了!"

那些日子,女儿真的迷上了织毛衣,回家没事就鼓捣那一团线,后来在我的指导下,她给自己织了一个小包包。虽然那个小包包每天进展很慢,花费了她很长时间,不过当包包终于完成的时候,女儿兴奋得手舞足蹈,满足之情溢于言表。

织毛衣看似简单,却是需要千针万线才能成就一件作品的事情。女儿在织那个小包包的过程中,不仅热情高涨,应该也能体会到妈妈织毛衣时的辛苦和对她深深的爱。

一天上班后我收到了一张电子贺卡,flash动画里,一个小姑娘坐在小凳子上织毛衣,下面写着:

妈妈,您辛苦了。冬天到了,我给您织件美丽的毛衣,让您暖暖和和地过冬。我爱您,妈妈。

原来是女儿给我发来的，可见她织毛衣织得上瘾，给妈妈发的贺卡选的都是这个题材的。我感动得热泪盈眶。

孩子其实是非常乐意动手做事情的。每个阶段的孩子都会喜欢自己做事，一岁多的孩子喜欢自己吃饭，两岁多的孩子喜欢帮妈妈拎东西……每个阶段，孩子都有自己做事或者帮大人做事的愿望，那是孩子成长的需求。家长要做的就是为孩子提供动手的机会，帮助孩子逐渐长大，而不去剥夺他做事的权利。孩子毕竟会长大，终究要离开父母独立生活，独立生活是需要生活技能的，而这些生活技能不可能在学校里学到，只能在家庭生活中习得。

那个时候，女儿喜欢做什么，我都鼓励她去做、去学习，有些她不喜欢的，我也引导她去做，比如我做饭的时候让她帮我忙，或者时不时地让她帮我洗一次碗。其实，家里的活并不多，我一个人完全可以应付得了，我只是想让孩子学会做家务，并了解大人做家务的不易。这样无非是想培养她独立生活的能力，以及对父母的感恩之情。

有些家长觉得孩子做这些事情会耽误学习，因此便阻止孩子从事这些活动。记得女儿小学的时候有一阵子迷上了用塑料绳编织手链，甚至拿到学校里去编，同学们看到后也有跟着编的。一位妈妈就打电话给我，让我告诉女儿不要在学校里编织那些东西，因为她女儿也跟着编，都不好好学习了。我能理解家长的心情，便告诉女儿不要再把编织的东西带到学校里去。可是实际上,做手工的过程也是学习,是课本知识以外的一种学习,而且非常重要,因为这不仅让孩子学到了生活的技能,还培养了孩子的责任感和感恩心,对孩子的成长实在是有益而无害的。

小学生的功课没有那么繁重,根本没有必要整日把孩子拴在课本和课桌上。相反,适当有一些学习之外的活动,可以调节孩子的生活节奏,这也是保持孩子学习兴趣的一种方式。孩子做完喜欢做的那些事情之后,情绪比较饱满,重新回到作业或者课堂上的时候,效率反而会高很多。

一次,我去一位朋友那里办事,下午的时候,朋友接到她7岁儿子打来的电话。儿子在电话里跟妈妈说,他已经把米饭焖上了,正想炒菜呢,发现冰箱里没有西红柿了。当朋友把电话内容告诉我的时候,我吃惊不小。一个7岁的小男孩,怎么懂得在妈妈没有回家的时候主动去做饭?问朋友是怎么做到的,朋友说儿子上小学后,她做饭的时候会把儿子叫到厨房,告诉儿子哪些菜怎么做,有时候她下班回家晚了,就会打电话让儿子去做她讲给儿子的那些菜,让儿子做好了等妈妈回来吃。慢慢地,儿子习惯了,回家看妈妈不在,就会自己张罗着做饭吃。

这位朋友还告诉我,她的儿子不光能自己做饭,在妈妈身体不舒服的时候,还会照顾妈妈。一次她说有点头疼,在沙发上躺着。儿子就给她倒了一杯水,并给她身上盖了床毯子,自己才去写作业。

这位朋友是搞家庭教育工作的,她说没有别的诀窍,只要让孩子去做，孩子就愿意去做，而且能很快学会做。至于孝敬，她说，你只要告诉孩子你不舒服，孩子自然就会照顾你。也就是说，要给孩子机会，让孩子觉得可以为妈妈做一些事情就可以了。

还有一位朋友的女儿，总是把自己的鞋子弄得很脏，刷洗起来很费劲。朋友就让女儿自己洗了一次鞋子。朋友跟我分享，她女儿一边洗一边嘟囔说，没有想到鞋子那么难洗。后来，她的女儿穿鞋就十分注意，不像过去那样把鞋子弄得很脏了。

当女儿乱花钱之后

孩子毕竟是孩子，他需要一边学习一边长大，花钱这件事同样需要学习。因此，家长在孩子小的时候，就要告诉孩子家里的钱是怎么来的，应该如何花才是合理的。

在女儿小学低年级的时候，我们因为工作忙碌，便把她托付给学校附近的一个"小饭桌"。所谓"小饭桌"，就是中小学校附近帮忙看管孩子的家庭，有的提供午饭和晚饭，有的则只在下午把孩子接到他们家，让孩子写作业，等孩子的父母下班后把孩子接走。二年级的时候，女儿所在的那一家女主人是个中年人，女儿管她叫"大妈妈"。每天中午，女儿就在大妈妈家吃饭，下午放学后，她先去大妈妈家写作业，我下班后再去接她回家。

一天下午，我去接女儿的时候，大妈妈悄悄告诉我，女儿中午用15元钱买了好多没用的玩意儿，自己也用不着，就分别散给了在她家吃饭的那些孩子。她问女儿哪儿来的钱，女儿说是从家里拿的。二年级的小孩不太需要花钱，大妈妈猜我们不会给女儿那么多零花钱，所以就告诉了我女儿花钱的事情。

我当时听了感到很吃惊，女儿应该是把我和她爸爸随意放在某个地方的钱拿了去。我们当时条件虽然不富足，却并不委屈女儿，她需要的东西我们一般都尽量满足，令人欣慰的是，女儿到商场也并不乱要东西。因为一时想不明白女儿从哪里拿的钱，不知道她为啥要买那些乱七八糟的东西，也不知道如何跟女儿谈这件事，所以我假装不知，把女儿接回了家。

一家三口吃完饭，女儿回屋去写作业，我悄悄地把大妈妈反映的情况跟先生说了，并商量如何跟女儿谈。先生听了我的话，稍作思考，自告奋勇地说："你别管了，我自有办法。"

我知道先生在对付孩子方面"鬼点子"特别多，但我还是将信将疑地叮嘱他："千万不要骂孩子。"先生向我打包票，保证解决问题，还不伤害孩子的自尊心。

等女儿写完作业后，先生便进了女儿的房间，把门关上了。

过了一会儿，父女俩有说有笑地出来了，只听先生说："闺女，去洗洗睡觉，不早了！"女儿答应着进了卫生间。先生则向我做了个"耶"的手势。

从此以后，女儿再也没有背着我们乱花钱了。

原来，先生进了女儿的房间以后，看到女儿买的一个红色的小丑鼻子，就顺手戴在自己的鼻子上，说了声"真好玩"，然后给女儿讲起了故事。

先生告诉女儿，他的公司最近来了一位年轻女孩，那个女孩非常了不起，大学毕业没两年就买了一套房子。女孩买房子的钱不是家里给的，全是她自己攒下来的。女孩从小就舍不得花钱，把家里给的零花钱都攒起来了，上大学时的生活费也省着花。没想到十几年下来，她竟然攒了一大笔钱，再加上毕业这两年自己赚的钱，就买了一套小房子。在别的年轻人还租房子住的时候，她已经住上了自己买的房子。

爸爸的话女儿竟然全部信了，她无限向往地问道："如果我从小攒钱的话，是不是也可以在大学毕业后自己买一套房子啊？"

她爸爸肯定地说："当然可以了！"

后来先生告诉我，他压根儿就没有提起女儿花钱买东西的事，是女儿主动跟他坦白的，并且要向那个攒钱买房的姐姐学习。这时，他才告诉女儿，以后她需要什么东西，可以跟爸爸妈妈提出来，爸爸妈妈会尽量满足她的需求，或者以后爸爸妈妈可以给她一些零花钱，由她自己支配。

我一直在琢磨，女儿肯定知道爸爸是冲着这件事情来跟她谈话的，因为大妈妈已经问过她买东西的钱从哪里来的，也表示那样做不对。她没有想到爸爸不仅没有责备她，还温和地给她讲了个故事。聪明的女儿应该从故事里听出了爸爸的意图，所以才主动承认了错误，并表达了自己攒钱买房子的决心。

我和先生分析过这件事情，觉得女儿从家里拿钱买东西，无关道德，她只是模仿了我和先生的行为。因为在此之前，我们总是在需要买东西的时候就拿钱，却从来没有告诉过孩子，家里的钱她是不能随便拿去花的，或者告诉孩子应该怎样拿钱买东西。

事发突然，值得庆幸的是，我们冷静的处理方式，不仅没有伤及孩子的自尊，还及时补上了教女儿如何花钱的这一课。如果孩子第一次做事出现错误，家长就迫不及待地指出来，孩子只会手忙脚乱，不知所措。相反，家长用温和的方式来处理，孩子就会理智地思考自己的行为，对他的成长会更加有利。

后来，发生在身边类似的一件事情，让我对如何对待孩子乱花钱有了进一步的认识。

朋友的儿子小朗上六年级。一天班主任打电话给朋友，让他赶紧去学校。朋友撂下工作赶到学校，老师告诉他，他的儿子在课堂上玩游戏机，让她给没收了。朋友很纳闷，因为他们两口子从来没有为儿子买过游戏机，而且一看老师手里拿的游戏机，就知道价格不菲。但老师却说，据他了解那个游戏机确实属于小朗，不是别的同学的。后来老师找来了和儿子一起玩游戏的那个同学，那个同学说游戏机是他和小朗一起买的，花了568元，而且钱是小朗一个人出的。买了后，小朗不敢把游戏机拿回家，每天放学后都委托他保管，所以朋友没有看到孩子在家玩游戏机。

告别老师，朋友把儿子带回家，一路上爸爸气呼呼，儿子小心翼翼，谁也没有说话。进家，朋友关上门二话没说，就给了儿子一巴掌。儿子捂着脸一句话也不说,眼泪却悄悄地掉了下来。

这时,朋友发话了:"你这个小偷,是谁让你从家里拿那么多钱去买游戏机的?你气死我了!"

小朗大声还击:"我不是小偷!我就不是小偷!"

"不跟爸爸妈妈打招呼,就从家里拿钱去买那么贵的东西,不是小偷是什么?"

"别的同学都有零花钱,就我没有,我要什么你们也不肯给我买。呜呜……"小朗哭得越发委屈了。

原来,朋友家的零用现金就放在门厅柜顶上的一个盒子里,夫妻俩每次需要的时候就从那个盒子里拿钱,而且夫妻俩花钱都很大方。儿子都六年级了,他们都没有给他零用钱,除了孩子往返学校的公车费和饭费之外不肯多给钱。平时他们对儿子比较严格,儿子多次向他们提出想要一个游戏机,他们都没有满足。

通过跟小朗充分沟通,朋友夫妇俩意识到对孩子太过苛刻,他们也严肃地告诉小朗,不通过爸爸妈妈的同意就从家里拿钱是绝对不允许的。从此以后,他们每个月会给小朗一些固定的零花钱,让他自由支配。

小朗知道没有爸爸妈妈的允许随意拿钱去买东西是不对的,为什么他还要去做呢?一是孩子实在太想要那个游戏机,而爸爸妈妈又迟迟不肯满足他,他就自己想办法了,只不过作为孩子,他所想的办法不妥而已;二是父母平时随便花钱的习惯给儿子做了示范,儿子依样学样。而且,爸爸妈妈对放在盒子里的钱数并不太在意，所以儿子觉得从那里拿钱并不会引起注意。事实也证明，如果不是老师发现并没收了游戏机，朋友夫妇俩还不知道儿子悄悄拿了钱。

所以，孩子乱花钱并不是孩子的问题，问题在于家长平时如何教孩子花钱，以及在孩子乱花钱后如何对待。

小心呵护孩子珍爱生命的心

培养并呵护孩子热爱其他生命的心，这恐怕也是家长要修习的一门课程，因为纯真的善念和对生命本身的珍视，是一个人非常重要的品质。试想，对小动物的爱都那么真诚，孩子能不珍爱自己以及身边的人吗？

2002年的"五一"，我们带女儿回了趟山西乡下的姥姥家。一天上午，女儿在房顶上玩耍，偶然发现距离房顶不远的土墙上有一个洞，两只灰色的鸟不时地从洞里进进出出。观察了许久，她断定那是个鸟窝。于是趁那两只鸟儿出去的时候，女儿蹑手蹑脚走过去，想一看究竟。果然不出她所料，那是个鸟窝，里面有六只刚刚孵出来的小雏鸟，似乎是听到了女儿发出的声响，都伸长了脖子"啾啾啾"地叫着，努力张大了嫩黄的小嘴讨吃的，还以为是它们的父母来喂食了呢。

女儿高兴坏了，又蹦又跳地拍着手叫我和她爸爸去看她的新发现。女儿从来没有这么近距离地见过这么小的鸟,所以眼神里充满了新奇和兴奋。为了让女儿更好地观察小鸟长什么样,先生建议女儿从窝里抓出两只小鸟。只见这两只小鸟还没有长出像样的羽毛,眼睛也还没有张开,浑身皮肤红红的,还隐隐泛着青色,它们在女儿的手里使劲挣扎着,发出尖尖的叫声。

这时那两只大鸟好像知道了发生在它们家的"灾难",一会儿不安地在一棵树上跳来跳去,发出了凄厉的叫声,一会儿又从树上冲下来,在女儿的头顶盘旋两圈又飞回树上,看上去好像很想从女儿的手里抢回它们的孩子,也好像央求女儿放了它们的孩子。女儿特别想多看一会儿小鸟,我们就拿了个小纸盒把两只小鸟放进去。女儿逮了几只蚂蚱撕碎了尝试着喂给小鸟,可是小鸟哪里肯吃,它们看起来是被吓坏了。

女儿惦记另外四只小鸟,就又去看它们。凑近洞口一看,却发现一只大鸟守候在洞里,张开大翅膀遮盖着叽叽喳喳的小鸟,任凭女儿走到跟前也不飞走,只是警觉地瞪着两只眼睛,且大声地叫着。它分明是在保护那四只小鸟,怕它们也被人偷走。但是女儿一伸手把大鸟也抓了过来,放在盒子里,想看看大鸟如何对待被抓获的小鸟。大鸟的到来似乎稳住了小鸟的情绪,它们不再叫唤。从盒子的缝里望进去,大鸟围着小鸟跳来跳去,轻轻地叫着,并把女儿投进盒子里的蚂蚱啄起来喂它的孩子们。另一只大鸟则在树上不安地飞来飞去,不时在我们的头顶盘旋,一声紧似一声地叫着,虽然听不懂它在叫什么,却隐隐能感觉到它的慌乱与紧张。

虽然还想多观察一会儿小鸟,但是女儿被鸟儿一家浓浓的亲情所感染,实在不忍心让它们"妻离子散",就端着盒子小心翼翼地把小鸟放回了窝里。不过,她过一会儿就要去看一次,发现每次去的时候总会有一只大鸟守候在小鸟的身边,另一只大鸟则一会儿在巢外盘旋望风,一会儿来来去去地寻找食物。

先生跟女儿说:"小鸟会感谢你的,因为你把它们逮住却又把它们放了,没有剥夺它们的自由。"女儿却摇摇头说:"它们不会感谢我的,是我打破了它们家的宁静,不恨我就不错了,以后我再也不逮小鸟了。"

女儿从小对小动物有一种天然的亲近欲,从河里的小鱼、小青蛙,到草地上的蝴蝶、蚂蚱甚至毛毛虫,还有小鸟、小兔、小狗、小猫等等,只要遇到了,她都要蹲下身子仔细地看一看、摸一摸甚至养一养。在放鸟事件之后,女儿对人与动物的关系有了更加感性的认识,看法也有所变化。她明白了鸟儿跟人一样,也是有感情的,鸟儿的父母看到自己的孩子受到伤害,也会担忧焦虑、伤心难过;鸟儿的父母为了保护自己的孩子,也会不顾生命危险。她甚至猜测,那只守在鸟窝里保护小鸟的大鸟,应该是鸟妈妈,因为她觉得妈妈才是最疼爱孩子的。这一想法虽然有些天真,我们也未曾去证实过,却说明女儿在观察、在思考,单单这一点就难能可贵。

我清楚地记得,从看到小鸟到抓住小鸟,再到最后放回小鸟，我和先生没有跟孩子讲什么道理，只是和孩子一起经历，一起感受，女儿对生命、对世界便有了许多的感悟。热爱生命、敬畏生命，通过亲身经历和体验，孩子的认识是深刻而生动的，这跟从书上读到的理论截然不同。这也是我和先生一直坚持让孩子经常投身于大自然的缘故，我们希望孩子童年充满快乐，在体验中健康成长。

有一年夏天，天气很热，我想把女儿房间里的空调打开，却被女儿阻止了。她把手放在嘴唇上做"嘘"状，神秘兮兮地把我拉到她的窗户下面，示意我听听外面的声音。原来女儿窗外的空调外机里住了两只麻雀，还孵出了一窝小麻雀。她说空调开了，麻雀一家就没有办法再住下去了。于是，为了小麻雀一家，女儿的屋子整个夏天都没有开空调。

此时，我才明白，女儿的窗台上为什么会有那么多的小米，原来她每天都在悄悄地喂麻雀。其实，撒的小米，也还有别的鸟来偷食，因此窗台上不仅会有小米，也落了不少鸟屎。

女儿愿意与周围的小生灵们为友，而之所以背着我偷偷喂食小鸟，估计还是怕我说她"不务正业"吧。可她哪里知道，我虽然偶尔会冒出这样的念头，可更多时候还是愿意呵护她那可贵的爱心啊！

女儿上了中学，我们搬了新家，新家的窗户没有窗台了。家里生了虫子的豆子、大米、小米等，她也不让我随意扔掉，而要收起来倒在外面的草地上，让鸟儿们啄食。小区的院子里有几只可爱的流浪猫,她便买了猫粮,每天去喂,几年如一日,以至于楼下的几只猫咪都摸准了她早上出门的时间,每天早早就在门口守着等食儿吃。高中三年,她每天都会带一盒猫粮去学校,因为学校里也有一些流浪的猫咪需要喂食,每天放学吃完晚饭到晚自习前便是女儿的"喂猫时光",也是女儿一天中最放松、最开心的时间。

女儿对小动物的爱护几乎是一种习惯,连下雨天碰到路上爬的蚯蚓、蜗牛,也要想尽办法把小东西弄到草丛里,生怕它们被粗心的路人踩了。

万物一体,小鸟看上去和我们没有关系,实际上又息息相关。鸟食虫子,就可以平衡虫子对农作物的破坏,而农作物又是我们人类的食物;鸟的叫声悦耳动听,可以滋养我们的身心。仔细想想,每个物种的存在都是宇宙最好的安排,都和我们人类相关。因此,爱其他的生命,也是爱我们自己。

比成绩更重要的是收获

在目前"学习好,便一好百好"的教育大环境下,确实需要家长拥有一颗平常心,关注孩子各方面的成长而不只盯着学习,关注孩子成长过程中的收获而不只盯着分数。

有位爸爸得知女儿数学考试因为忘记写"单位"被扣了1分,但他当时没有说什么。一次,他在接女儿的时候看到一辆卡车开过去,车上装满了水果,于是他便问女儿:"车上装的是什么?"女儿说:"水果呀。"他又说:"1斤水果、1筐水果和1车水果,都是1,可是差距很大,这个差距甚至比1斤水果与5斤水果的差距还要大,是吧?"那个女儿反应很快,一下子就明白了,说:"是啊,看来有时'单位'比数字更重要呢!"后来他的女儿就再也没有在"单位"上出过错。

这位爸爸总结道:知道错在哪里,比分数更重要。你重视这些，孩子就重视这些，反之，如果家长只重视分数，那么孩子也只应付分数，甚至会弄虚作假来对付家长，到那时则悔之晚矣。

这便是家庭教育和学校教育有机结合，共同帮助孩子不断进步的典型例子。整个事件中，这位爸爸关注的是孩子的收获，而不是那1分，他用自己独特的方法给了孩子更有意义的收获，相信这样的收获会影响他女儿一生。

在我们家，我和先生则为孩子的成长和进步而激动、喜悦。

女儿上小学一年级的时候，只认识简单的几十个汉字，算术也只会计算10以内的加减法；上了二年级，她就已经能够读书看报了，也开始用数学解决实际的应用问题；上了四五年级，女儿就写出了非常精彩且思想深刻的文章，还可以用英文流利地跟外国人交谈……孩子在不知不觉中就取得了非常大的进步，这每一个过程都让我们觉得孩子的力量非常强大，只要给她机会，她就会自然而然地成长，并且这种成长不可阻挡。

我们深感女儿的小学老师们非常了不起，并十分感激他们。在他们的引导下，女儿从一个什么也不懂的小丫头，成长为到小学毕业时几乎是一个满腹经纶的"小才女"了。应该说，在小学获得的知识积累和学习能力，奠定了她整个中学阶段的学习基础，我相信她大学的学习和日后的工作也将会得益于此。

因为对孩子的这些成长和进步抱着欣赏的态度，因为我们从来都觉得孩子的收获才是最重要的，所以女儿的整个小学阶段，我们都没有太多关注孩子的考试分数。

说到这里，我又想夸一夸女儿的小学，这所小学有考试，却从不排名。他们考试的目的是考查孩子对学习的内容掌握得如何，而不是对孩子的成绩进行排名和比较。这在功利的中国教育领域，是非常难得的。这也是我们从来没有纠结于孩子的考试成绩和班级排名的原因之一吧！

当然，我们也会配合学校和老师帮助女儿学习，一般是在女儿取得一些成绩的时候，就会给予她夸奖和鼓励。

比如女儿某天写了一篇和朋友一起游玩的日记，我便会在她日记的后面写上点评："写得太有意思了，看着文章就好像看到你玩得高兴的样子。"在这样的鼓励下，女儿的文章写得越来越好。

女儿刚上小学的时候曾经很马虎，作业本上时常会"留白"，比如她会把第一题和第三题都写了，却把第二题漏掉了。为此，班主任赵老师跟我说了好几次。一年级的时候，有一次女儿回家问我："妈妈，赵老师说我是'典型的小马虎'。啥叫'典型'？是不是比马虎要好呀？"这可把我乐坏了。为了克服她的马虎，我和她爸爸总是夸奖她"辰辰写作业有进步，写得挺仔细的"。一次她的数学作业全做对了，她爸爸便说："辰辰，数学作业今天全做对了，我看你昨天晚上写作业的时候挺认真的，是跟这个有关系吗？"女儿骄傲地说："当然跟认真有关系了，我还是很聪明的。"在这个对话中，爸爸和女儿都强调了"认真"的重要性。逐渐地，女儿写作业的时候就慢慢地克服掉了马虎的毛病。

如果家长关注孩子的学习，就要注重"过程管理"。一是我们要及时发现孩子学习中存在的问题，帮孩子解决，比如前面说到的那个爸爸发现孩子对"单位"不重视，便及时想办法解决；二是我们要捕捉孩子的点滴进步并及时说出来鼓励孩子，比如我先生就从女儿作业全对这件事上做文章。需要注意的是，无论帮助还是夸奖孩子，都要具体描述整个事件，让孩子明白地知道自己什么地方存在问题，并有的放矢地解决；什么地方已经做得很好，应该坚持下去；什么地方仍有欠缺，还可以做得更好。我觉得这比平时不管孩子学得如何，只盯着考试、只盯着分数要好得多，因为孩子的收获是在学习的过程中。孩子只有平时把该学的都学到了，考试成绩才会自然而然地提升。

话又说回来，就算孩子的学习成绩真的不好，那又怎么样呢？

我曾经见过一个小男孩的妈妈，就因为孩子考得不好，接孩子的时候，还没有走出学校的大门，就迫不及待地对小男孩拳打脚踢。小男孩惊恐地抱着脑袋左躲右闪，委屈得直掉眼泪，经过他们母子身边的小朋友都惊恐地看着小男孩和他的妈妈。

我们有足够的理由相信，就算这个孩子学习成绩不好，他在学习上肯定也收获了许多。这一点从我们自己或者朋友那里就可以得到证明。我小时候身边有些同学，虽然学习成绩并不好，但是他们都有自己的长处，或是计算，或是写文章，其实都是很棒的，长大以后有的事业非常成功，无论为官还是做企业都很出色。说白了，一个人的成功和幸福，与小时候的学习成绩并没有必然的联系。

再者，这个小男孩也许学习成绩确实不好，但是其他方面必定有过人之处。家长要做的是挖掘孩子身上的闪光点，唤醒潜藏在孩子身上的"沉睡的巨人"，让孩子成长为他本来的样子，而不是以孩子的短处来跟别的孩子的长处比，并逼着孩子做他不擅长的事情。也许这个小男孩今天的学习成绩不好，但是他幽默开朗、善于与人交往，将来他进入社会后的工作业绩或许会远超如今学习好的同学。

在植物界，牡丹和山楂是同时开花的。春天的时候牡丹花非常惹眼，受到众人的追捧；山楂花在春天很不起眼，在牡丹花的比较下相形见绌。但是到了秋天，牡丹只剩光秃秃的枝叶，山楂则会满树挂着红彤彤的果子，开始吸引人们的目光了。

05

心理

让天使
自己飞翔

如今的孩子同样有非常大的能量，
他们完全可以照顾好自己。
他们并不比我们脆弱，而是我们比我们的父母脆弱。
高年级孩子的家长，
应该从过去指导者的角色变为陪伴者和引导者。
要允许孩子以自己的方式长大。

适当放手，让孩子自己长大

孩子终归要独立面对人生的路。就像学习走路，家长只有把手松开了，孩子才能走稳；就像学骑自行车一样，家长只有撒开扶把的手，车子才能快速前行。人生的路何尝不是如此，家长从小放手给孩子锻炼的机会，孩子才会成为独立的、自信的、负责任的人。

小学期间，女儿每个周六的下午都去舞蹈学院学跳舞。五年级的时候，班里有个叫依欢的女孩也加入了这个舞蹈班，两人结伴去学习。每个周六，她们去上课时，我和依欢的妈妈都要"陪读"。她们在教室里上课，我们在外面候着，来回路程加上上课时间，每次至少要三个小时。

我们两家都住在清华大学校园里，而且出门到舞蹈学院也有直达的公交车。"陪读"了一段时间以后，我们两个妈妈便合计：能不能让两个小姑娘自己坐车去上课？省得我们每次花那么长时间去陪她们。当我们把这个想法告诉孩子们的时候，她们非常高兴，连说："好啊！没有问题！"

于是，第二个周六，两个小家伙就结伴去上舞蹈课了。按照惯例，她们应该在下午6点之前就回到家的。可是都6点半了，还是不见踪影。我有点着急，就给依欢家打了电话，依欢妈妈说依欢也没有到家，她也在焦急地等待着。

7点钟的时候，天马上要黑下来了，女儿还没有回来。这时依欢妈妈打来电话，我一拿起电话就听她急促地说："怎么还没有回来？"我们就让两个爸爸分别到小家伙们可能进来的西门和西南门等待，我们两位妈妈则守在家里等电话。

7点一刻，天完全黑下来了，依欢妈妈的电话又来了，说依欢爸爸在西门没有看到孩子们。这时候，我心里已经非常着急，赶紧给等候在西南门的先生打电话，先生告诉我他还没有看到，听得出来，他的声音也很急，但忽然他又说："等一下，好像是她们。是的，就是她俩！"

我赶紧给依欢妈妈打电话，依欢的爸爸妈妈赶紧赶到了西南门。先生看到孩子们的时候，她俩有说有笑，非常轻松地跟他打招呼。

这是我们对女儿的第一次放手，也真的是虚惊一场。

后来问两个姑娘怎么会回来那么晚，她们说从舞蹈学院出来后，她俩一边聊天一边走，走得比平时妈妈们带着时要慢一些，另外中关村大街也堵车了。

两个小姑娘看着四个大人大惊小怪的样子非常不解，问：

"你们怎么了?"告诉她们我们等了一个多小时,孩子们吃惊地问:"你们干吗要等我们呀?我们回来不就行了吗?"

那次之后,两个小姑娘感觉良好,坚决要求自己去上舞蹈课,不让妈妈们再陪着了。经过那一次,我们也放心了,决定放手让她俩每周结伴去上课。如此,孩子们不仅自由了,还得到了锻炼,我们两个妈妈也被解放出来,可以做点自己的事情。

现在想想,我们四个大人当时的反应确实可笑。两个11岁的孩子坐公交去上课,有什么好紧张的?我和先生是在农村长大的,像女儿这么大的时候,每天都和小伙伴步行好几里路到别的村子去上学,大人哪里会管我们,况且因为孩子多,大人就算想管也管不过来,农村里的孩子反而成长得非常独立。依欢的爸爸妈妈虽然是在城里长大的,从小也都是自己坐公交上下学的,并没有大人接送。

如今的孩子同样有非常大的能量,他们完全可以照顾好自己。他们并不比我们脆弱,而是我们比我们的父母脆弱。我们这一代人大多数只有一个或者两个孩子,对"稀有"的孩子们,我们把过多的注意力集中到了他们身上。跟我们的父母相比,我们在孩子小时候为孩子做了太多的事情。这样做的结果,是父母和孩子双方都受到了约束。对孩子来说,一方面限制了他们的自我成长,养成了对父母的依赖,他们将来真正需要独立的时候会无所适从;另一方面使得孩子到青春期自我意识增强、真正想摆脱父母的约束时,跟父母产生许多冲突。对父母来说,则要承担将来孩子该长大时却不能长大的风险。

我们这一代人长大后就不好意思再向父母要钱花了,而现在大学毕业后还要父母养着的大有人在。许多时候这些所谓的"啃老族"并不是不愿意自己养活自己,而是他们没有独立的能力。为什么这些孩子能上得了大学,却没有生活的能力?我想家长难辞其咎。毕竟学校、老师是教孩子学习文化知识的,父母则是教孩子生活能力的。

我所接触的家长中,也有放手放得很开的例子。

有一位朋友,家里明明有车,却让儿子从小学三年级开始就自己乘坐公交车上下学,而且中途还要倒一趟车。后来,不光上学,平时和同学一起去博物馆、公园等地方玩,儿子都可以自己查好公交路线,领着同学一起去。因此,同学们都愿意和他一起出行,因为别人不用操心,他就可以安排得好好的。家长们把自己的孩子交给这个小孩也非常放心。这一点,让这个孩子非常满足,而满足是因为他实现了自我价值。从此,为了更好地实现自我价值,他更加努力地去发展自己的能力,让自己越来越棒。这个孩子不仅自立自强,学习也比较努力,高中毕业以优异的成绩考入北京邮电大学,大学毕业后的发展也非常顺利。

有个极端反面的例子,17岁就考上中科院硕博连读的"神童"魏永康,因为生活不能自理,被中科院劝退回家。回家后重新学习各项生活技能,包括吃饭、穿衣等基本的生活技能。重新学习了几年之后,他的生活能力和交往能力依然非常薄弱。原来一手把他培养成"神童"的妈妈认为，只要学习成绩好就行，什么也不让他做。当年他13岁考上大学、17岁考上博士的时候，妈妈很为他自豪。如今，这位妈妈非常后悔当初只关注孩子的学习成绩，而没有培养孩子的生存能力。可见，除了学习之外，孩子其他方面的能力更加重要，而且小时候落下的人生功课，长大后很难补上。魏永康的悲剧比那些考不上大学的孩子更让人痛心。

给孩子选择的权利和机会

让孩子从小多一些自己做选择的练习，将来到了选择职业、生活方式以及人生伴侣的时候才不会那么迷茫，从而理智、主动、从容地做出决定。

女儿小学的时候，周围不少小朋友都在练乐器，跟女儿非常要好的几个女生也都在弹琴，我和先生便特别想让女儿接受一点音乐熏陶。我来自文化生活贫乏的山区农村，小时候接受的音乐熏陶就是每天听着山西广播电台的"每周一歌"节目学唱歌，后来到外面上学工作，看别人能歌善舞的，非常羡慕。先生也是一样，对自己的"五音不全"时常感到遗憾。我们俩都不想让孩子像我们一样，将来长大了觉得自己在音乐方面不如别人，所以女儿一上小学就开始做她的工作，想给她报个班学习一门乐器。跟女儿商量了好几次，她都不愿意去学，理由很简单：练琴很耽误时间，就没有时间玩了。我估计这个观点就是周围那些练琴的小朋友传递给她的，因为女儿课余打电话约小朋友玩的时候，总是会收到"她在练琴"的拒绝信息。

女儿态度很坚决，我们也没有勉强。不过为了刺激女儿，先生还是从朋友那里借回来一台电子琴，真可谓用心良苦。电子琴刚拿回来的时候，女儿还看着简谱拨弄了几次，后来就不再动了。

说也奇怪，女儿非常喜欢运动项目，也爱画画，但就是不爱音乐，大概是因为她喜欢的项目我们都没有请什么老师，也没有刻意让她去练习，只是由着她的性子自娱自乐。

上了大学以后，女儿看到不少同学多才多艺，有活动的时候也能够尽情展示，她多多少少也有些遗憾，不过她对我们从来没有怨言。

有一次她回来对我说："老妈，等有空了我得找个声乐老师练练声，去KTV的时候好亮几嗓子。"到了这个时候，她才明白了有些音乐素养还是必要的。我提起小时候的事情，她便说："要想学习，什么时候也不晚，而且因为有需求，学起来更勤奋，估计进步也会神速。"

我很赞同女儿的说法，孩子有需求的时候，自己就会主动去学习，压根儿不用家长威逼利诱。

说实在话，到现在我还为女儿小时候没有学音乐有些遗憾，不过仔细琢磨就明白了，那其实都是我的需求，是我希望通过女儿实现自己小时候因家境贫寒而没有被满足的愿望，是我觉得我的女儿也应该像别的小孩一样会一门乐器。女儿当时那么坚决地反对，说明她不喜欢音乐，或者她觉得从音乐里无法获得乐趣。非常庆幸，我们没有一意孤行地把女儿送去学音乐。

在学琴这件事情上，最值得肯定的是，我们让女儿自己去选择。她虽然年纪小，但有选择的权利，既然她选择了不学琴，那就等于选择了在小朋友刻苦练琴的时候她可以轻松地玩耍，但是她要接受长大后没有表演机会的缺憾。事实证明，女儿很从容地承担了这个后果。

生活中时时刻刻还会有许多小事情，家长也要让孩子去做决定，而不是给一个现成的答案，让孩子去接受。比如周末休息，我们会问女儿："咱今天是在家待着，还是出去玩一玩？"或者"咱今天是去爬山呢，还是去动物园？"通常，只要女儿提出的条件不是很苛刻，我们都会满足她。这样做的目的就是让孩子成为一个有主见的人，为自己负责的人。

后来女儿高考报志愿的时候，就是遵从了自己的选择。她很早就把自己不喜欢的经济、法律、财会等专业排除掉，只在纯文科的那些专业里选择，我和先生只是做她的助手，帮她整理资料。因为是她自己的选择，到了大学后，她就学得比较舒服。

甚至上了大学，我们依然会给女儿做选择题。比如周末她希望我们能顺便接她回家，我们便会问她："我们是在东门还是南门见面？"多给她一道选择题，她就会多一次思考和取舍的机会，这对孩子是有好处的。

女儿留学回国之前就把工作找好了，包括干了两年觉得不合适，果断辞职再找合适的，都表现出了她为自己负责的态度和能力。虽然她的选择有时跟我的期望不符，但我是放心的，因为那是她的事。

亲子沟通需要心的交流

良好的亲子沟通，需要家长和孩子有心的交流。首先要有时间跟孩子沟通，然后是要了解孩子，并寻找适合自己家的亲子沟通方式，最后达到教育孩子健康、快乐成长的目的。

一位爸爸跟我分享了他家的故事。他有个九岁的女儿，上小学三年级。他平日非常忙碌，出差也多，但是只要在家，晚上都要抽出时间跟女儿谈心，至少半个小时。他说女儿非常享受跟爸爸在一起的"谈心时间"，晚上只要他在家，女儿会很快把手头的事情做完，跟他说："爸爸，我的事情做完了，谈心可以开始了吗？"

这位爸爸说，他和女儿谈论的话题非常广泛，通常他们会互相交流最近发生在各自身边的事情。女儿最喜欢爸爸谈论出差的见闻趣事或者公司里的故事，爸爸甚至会讲公司里的财务报表以及如何炒股才能赚到钱。

这位爸爸说，刚开始跟女儿谈话是想帮助女儿提高学习成绩，因此总围绕女儿在学校的学习情况交流。一段时间过后，他发现女儿并不愿意老谈学习。后来他就转换了话题，没想到女儿很开心。虽然并不刻意去谈学习了，但在这样的"谈心时间"里，女儿会主动向爸爸请教学习上的问题，学习成绩也一直不错。

这位爸爸非常了不起的地方是，他善于了解孩子的内心，摸准了孩子的心思，并投其所好。在跟孩子聊天的时候，他及时找到了孩子喜欢的话题，跟孩子站在了一起。所以，他们的亲子关系非常融洽，而和谐的亲子关系才是有效沟通的基础。这位爸爸说，因为他们家的谈心进行得非常好，所以他会不失时机地给女儿提出一些小小的要求，女儿都会很痛快地答应并满足他。可见，家长如果满足了孩子的心理需求，孩子便会很好地回报家长。

这位爸爸的智慧在于，他并没有放弃想提高女儿学习成绩的目的，只是转换了一种方式，效果便非常好。所以，有效沟通要讲求方式方法，只是孩子不同，采取的方式也要变化。作为从小陪伴孩子长大的家长，应该能够了解孩子的需求在哪里，然后调整沟通的"频道"。

在我家，沟通则发生在每天的晚饭桌上。北京的小学生中午都不回家吃饭，晚饭桌上，女儿就像有憋了一天的话要跟爸爸妈妈讲似的，滔滔不绝地说个不停。每天，她几乎都要把当天发生在学校里的事情跟爸爸妈妈复述一遍。我会认真地听女儿说，在她讲述的过程中，问一些"然后呢""你怎么想呢"等开放性的问题，鼓励女儿把话说下去。在听的过程中了解到底发生了什么事情，她都有哪些想法等。

倾听在亲子沟通中是非常重要的一个方面。我有一个发现，就是当我们不多说话、专注地听女儿说的时候，女儿会很兴奋，讲得也很流畅。有时，我和她爸爸会插入别的话题，女儿立马就会感觉到我们不用心，说："你们听我说了吗？"或者"听我说完！"这时候，就算我们再回来听女儿说，她也会兴趣索然，有时候会变得很不高兴，说到半截便戛然而止不肯再说下去了。所以，听孩子说话要用心并且全神贯注，放下自己的事情和想法，否则，就算你表面上在听，孩子也会感到你的敷衍，不肯对你敞开心扉。只有用心听明白孩子叙述的事情，当孩子问"妈妈，你说应该怎么办"的时候，才能帮孩子想出最好的解决办法。

关于在沟通中如何说，女儿小时候，我读了不少亲子方面的图书，其中有一本《学会跟孩子说话》，我从中学习了不少跟孩子说话的技巧。书中讲到家长要用描述性的语言跟孩子说话，把做一件事情的具体环节告诉孩子，而不要简单地用比如"认真点""快点"等抽象的词语要求孩子。我照着书上的方法去做了，非常管用。比如，女儿吃饭挺慢的，有一次她第一个吃完了，我就说："宝贝，你今天第一个把饭吃完了，我觉得你最近吃饭速度快多了。我好高兴啊！"这样，就把孩子具体做了哪件事情描述得很清楚，还表达了我对这件事情的看法。其实，小孩子很在乎夸奖，也很在乎家长或者老师的感受。家长把事情或感受明白地告诉孩子，让孩子清楚自己的问题和前进的方向，下次他就会朝着这个目标去努力。

在跟孩子沟通时，家长要帮助孩子解决问题，而非替孩子解决问题。

女儿小学五年级的时候，被同学们推举为北京市三好学生的候选人，而且预选的时候得票最高。结果到正式投票的时候却发生了一件事。原来就在正式评三好学生那天的中午，女儿跟一个好朋友发生了一点小摩擦。这个好朋友气不过，就对女儿进行了报复，跟一帮同学说女儿不够格做三好学生，并鼓动大家在下午投票的时候不投女儿的票。结果，女儿果真以一票之差，没有获得"北京市三好学生"的称号。

放学回家后，女儿哭得非常伤心，一是因为没有当成三好学生，二是觉得自己最好的朋友背叛了自己。

我当时特别理解女儿，因为她虽然学习不是最好的，但是综合素质在班里同学中比较突出。学校评三好学生也考查综合素质，而非单单考查学习成绩。预评的时候她得票最高，对自己寄予了很高的期望。而最后的落选，竟然是她的好朋友从中作梗。我明白她是多么的难过和伤心。

讲完了事情的前因后果，女儿问我："妈妈，你说我以后还要跟××一起玩吗？"我明白，相对于三好学生的荣誉，女儿更看重和好朋友的关系。但是，我真的没有答案给她，因为我也不知道该如何处理。那个小朋友是个很可爱的孩子，女儿和她在一起玩得很好，连我们两家的家长都成了好朋友。

于是，我说："我知道这件事让你很伤心，妈妈也很为你难过。不过，妈妈也不清楚如何做才好，我们都先考虑考虑，等明天再说好吗？"

当孩子遇到问题，家长也不知道该怎么办的时候，不妨先放下，缓一缓。因为当时孩子还在难过的情绪里，我也不平静，稍微有些愤怒。我这样做，一方面想先平复我们俩的情绪，同时也是给孩子一个反思的机会，毕竟凡事总有为什么。女儿之所以不能当选，说明那位好朋友还是找到了她的一些问题的。

结果第二天，那位小朋友先打来电话向女儿道歉，并问女儿还是否愿意当她是好朋友。我听女儿在电话里跟小朋友说："那要看你以后的表现了！"挂了电话，女儿跟我说："妈妈，××向我道歉了。我打算以后还当她是我的好朋友。"

我夸奖了女儿的大度，同时庆幸头一天没有给女儿建议。其实我当时挺生气的，特想跟女儿说："以后不跟她玩了！"那样女儿没准就失去了一位好朋友。后来女儿和那个小朋友尽释前嫌，到现在都是联系紧密的好朋友。

因此，家长有时候还真不能轻易给孩子出主意，而要把解决问题的球踢给孩子。孩子通过自己的思考，肯定会找到最适合自己的解决办法。

当孩子"闹情绪"的时候

每个人都会有闹情绪的时候,还没有学会管理情绪的孩子们更会把一切都表现在外。这时,父母应该理解、接纳,并帮助孩子梳理情绪,最终找出解决问题的办法。长此以往,父母会成为孩子的"心灵营养师",孩子自主调节情绪的能力也会慢慢锻炼出来。

一次,女儿从学校回来,情绪很低落。我问她怎么了,她说下午从外校来了位老师,在他们班讲公开课,她举手回答了两次问题都回答得特别好,得到了那位老师的夸奖,并得到了老师发的小红花。可是下课后,好朋友梦瑶却不愿意跟她玩了,而且还从她身边拉走了另外几个同学。原因就是梦瑶也回答了问题,却因为回答错了,没有得到老师的夸奖。

我就跟女儿说:"你回答老师的问题回答得好,说明你很聪明,对吗?"

女儿说:"是的,我也觉得自己很聪明。"

"能回答对老师的问题，你觉得高兴吗？"

"当时很高兴，那个老师夸我了，还给我发了小红花。"

"那现在呢？"

"下课后，我想找梦瑶玩，她就不理我，还把别的同学也拉走了。"说着，女儿的声音开始哽咽。

"你很难过，也觉得很委屈？"我再这样问的时候，女儿流着泪，只点头不说话，可见她真的觉得自己受了很大的委屈。看女儿非常伤心，我揽着她的肩膀，想让她的情绪平复一下。

过了一会儿，女儿问我："妈妈，为什么会这样？我有错吗？"

我告诉女儿："你没有错啊！问题回答得好，说明平时书读得多，知识面比较宽。不过，梦瑶当时没有回答对老师的问题，心里肯定也不好受。"女儿点点头。

我继续说："我想梦瑶正是因为没有回答对老师的问题，觉得没面子，心里也不平衡，所以才做出了那样的事情。"女儿再次点点头，说："可是，我又没有惹她，她干吗不愿意跟我玩，还把别的小朋友也拉走？"

我说："也许你下午表现得太好了，引起了梦瑶的嫉妒吧。不过，这件事跟你真的没有关系，你都做得挺好的。"

"但是，同学都不跟我玩了，我觉得好不公平。"

我说："你其实有些生梦瑶的气。"

女儿说："是的。"

我说:"最主要的是,你还是很希望跟同学们一起玩,对吗?"

"那是,大家一起玩得好好的。"

"那你可以去找美琦或者端仔啊!"(这是两个跟女儿关系很铁的小女孩)

女儿有些担心:"如果梦瑶还不让她们跟我玩呢?"

我说:"只有试过才能知道啊!你明天去学校可以主动找美琦或者端仔吗?"

"我试试吧!"女儿虽然没有十分的把握,但是已经不再难受了。

第二天去学校,没等女儿去找美琦和端仔,孩子们就都像没事一样,又开始有说有笑,在一起玩得很开心了。回家后,我观察女儿的表现,就知道事情已经过去了。

孩子时常会闹情绪,我想大部分小孩都有相似的经历,有时候是跟小朋友闹了别扭,有时候是挨了老师的批评,有时候是考试没有考好,有时是跟父母发生了冲突……

女儿遇到的,是典型的跟小朋友闹别扭的问题。说得严肃一点,女儿遇到的也是一种很常见的小学校园"社交霸凌"。她一开始很委屈也很迷惑,还以为是自己做错了什么,可是又弄不清楚自己错在哪里。我一步一步帮女儿理清了问题的头绪,让她知道了事情的结果之所以是那样的,完全是别人的问题,她自己并没有错。当明白了问题是怎么一回事的时候,女儿便感觉释然,不再那么纠结了。这其实是告诉孩子，在遇到问题的时候，要学会归因。只有弄明白问题的真相，才能有的放矢地去解决。

我和家中的兄弟姐妹，小时候如果在外面跟别的小孩发生了矛盾，爸妈总是不问青红皂白先骂我们，指责我们在外面惹是非。那种委屈、愤怒、不满的感觉，虽然过去了几十年，依然非常强烈。那时候我就认为爸妈永远觉得别人家的孩子是对的，从来也不站在我们的角度考虑问题。这导致我的兄弟姐妹性格里都有委曲求全的成分。这样的性格不能说不好，却总是有缺失的。所以，我在女儿遇到问题的时候，就尽量避免冤枉她，站在孩子的角度理清事情的来龙去脉，帮助孩子解决问题。

每个人都有情绪，情绪也有正面和负面之分。正面情绪包括高兴、兴奋、宁静、满足、轻松等，负面情绪包括伤心、失落、迷茫、沮丧、烦躁等。正面情绪能够给孩子正面力量，使孩子身心舒展，不仅学习效率高，孩子也会健康、快乐、充满阳光；而处于负面情绪中的孩子会感觉压抑，身心成长也会受到影响，这样的影响甚至伴随一生。

小孩子并不明白自己的情绪是什么，也不知道如何管理情绪。我们家长要明白情绪对孩子的影响并教孩子如何应对自己的情绪。

有的时候，孩子的情绪也会很激烈，甚至会做出一些出格的事情。

有一次，女儿跟我说她想要一只小狗。我和先生那时候很忙，没有时间每天遛狗，而且家里屋子也很小，不具备养狗的条件。我就跟女儿列举了不能养狗的几条原因。女儿压根儿就没有听进去，一边大声地哭嚷"你们真讨厌，为什么别人家都能养狗，就我们家不能养"，一边还把阳台上升降晾衣架的绞手拽下来，狠狠地摔在地上，摔成了两截，然后冲进了自己的屋子。

我当时也很生气，站在她的门口严厉地跟她说："我知道你非常想养小狗，我也知道你现在特别愤怒，但是，你用这样的方法，任何事情都不可能得到解决的！我希望你现在把绞手安上去！"

听到我的话，女儿又冲出她的房间，把那个还勉强可用的绞手安了上去，看得出来她依然气得发抖。那个晚上，我们谁也不理谁，家里的气氛也十分凝重。

这是我家发生的比较激烈的一次冲突。第二天，在我们娘儿俩都比较平静的时候，我告诉女儿，我能理解她当时的心情，但她破坏东西的行为是不可取的。女儿认可了我说的话，之后她有时也会出现非常生气或者非常愤怒的情绪，但再也没有摔东西的行为。

我们可以接纳孩子有情绪，也允许孩子发泄情绪，然而对发泄情绪的方式应该设定界限。我告诉女儿，下次她如果非常生气，可以拿个沙发靠垫拼命去捶，摔东西则坚决不允许。想什么都可以，却不能想做什么就做什么。

当然，最后我们还是要落在解决问题的层面上。我知道女儿很孤单，也非常喜欢小动物，就跟她商量能不能换成别的动物。最后，女儿选择了饲养仓鼠，因为仓鼠笼子很小，并不需要占据很大的空间，而且仓鼠的大小便也比较好收拾。于是，那一年，我家搬进了一对仓鼠夫妻，生了好几窝小仓鼠，女儿忙不迭地送人，非常开心满足。

清晨等在门口的小男孩

从女儿和她周围的孩子们身上,我总感觉小学时期男女同学之间的交往非常正常,就算如孩子们所说某某同学和某某同学"相爱"了,家长也没有必要紧张,这种"爱"往往都是昙花一现,很快就会过去。

一个好朋友跟我讲了她儿子小时候的故事,让人忍俊不禁。

她儿子上小学五年级的时候,一个周末的早晨,她早早起床想把一家人换下来的衣服洗一下。当她准备把儿子裤兜里鼓鼓囊囊的东西掏出来并把裤子放进洗衣机的时候,却发现里面装着好多叠成各种形状的纸制品。她很好奇,就随手打开几个。这一看,吓了她一跳。原来都是女生们写给她儿子的传情达意的小纸条。有的说:"我好喜欢你酷酷的样子啊!"有的说:"当你跟×××说话的时候,我心里好难受!"……

朋友赶紧拿着儿子的裤子和那些纸条,摇醒睡梦中的老公:

"快起来，别睡了，出事了！"她的老公一激灵从床上弹了起来，俩人偷偷地看着那些纸条，觉得又可笑又吃惊。他们没有想到，貌不惊人且看上去有些内向的儿子，竟然有那么多小秘密，而且好像开始"早恋"了，看上去还是"脚踩几只船"。不过，朋友的老公非常理智，果断地说："赶紧原封不动地放回去，就当我们什么也不知道！"朋友依言，便洗了别的衣服，唯独把儿子的裤子放了回去。

儿子起床后又把那条裤子穿上了，裤兜依然显得很鼓，爸爸妈妈则不动声色。当天，爸爸邀请儿子去打羽毛球，打球的时候，爸爸说："儿子，你裤兜里是啥宝贝呀？看着沉甸甸的。要是不想让我们看的话，就找个地方藏起来，别老装在身上。"儿子脸红了一下，没有说话。第二天，朋友两口子便没有在儿子的裤兜里再看到那些纸条了。

后来，找了个父子俩都很放松的时间，我那朋友的老公告诉儿子，说他很小的时候就喜欢上了一个女孩，但是直到上大学的时候两人才开始谈恋爱。儿子问为什么，朋友的老公就说，因为那时候他觉得没有能力和资格谈恋爱，他不清楚自己将来会做什么，能不能养活自己喜欢的人。后来他考上了很好的大学，很明白自己将来能做什么，觉得自己以后可以为喜欢的女孩负责了，就开始恋爱并最后走向婚姻。朋友的老公问儿子："你觉得我和妈妈幸福吗？"他的儿子直点头。

自始至终，关于儿子裤兜里的那些纸条，他们没有提一个字，却把关于如何处理这件事情的道理讲给了儿子，让儿子自己思考应对的方式。这对夫妻在处理儿子"早恋"的问题时，既呵护了孩子幼小的心灵，又维护了孩子的尊严，并把"要为感情负责"的道理传达给了儿子，是非常有智慧的。

女儿六年级的那个冬天，一个寒冷的早晨，也就七点多，女儿在吃早餐。我收拾了家里的垃圾准备放到门外，好在出门的时候顺便带下楼。

我打开门，猛然看到防盗门外站着一个小男孩，吓了我一大跳。打开防盗门仔细一看，原来是女儿班里一个叫小凡的男孩。看到我出来，他便问道："阿姨，李若辰呢？"我告诉他女儿正在吃饭，并把他拉进屋子，问他吃过饭了没有，是不是有什么东西忘记带了，让李若辰给他找找。因为那时候我家住得离学校很近，女儿班里的小同学忘记戴红领巾什么的总爱到我家来借，我便以为小凡也是。他说他吃过了，也不是来借东西的，而是特意来等女儿一起上学的。那天天气很冷，小男孩也不知道在外面站了多久，小手冰凉冰凉的。直到女儿吃完饭出门，我感觉小家伙都没有暖和过来。

女儿是个热情的小姑娘，一般同学来家时，她都会高兴得又说又笑，那天却很反常，对那个小男孩几乎没有说几句话。女儿吃完早饭，两个人便一起出门去往学校。送他们出门后，我折回来趴在窗户上往楼下看了看，只见两个小家伙一前一后，女儿在前面快快地跑，小男孩在后面紧紧地追，把我给乐坏了。

我猜想两人之间肯定是闹了什么别扭或者有什么故事。果然，后来女儿告诉我，那个小男孩在学校里每天都追着她，说喜欢她。她一直躲着，没想到他竟追到家里来了。我心里觉得挺好笑的，却假装镇定地教育女儿，如果不喜欢人家就明明白白地告诉人家，让人家死了那条心。女儿说她早已经拒绝过了，可他就是不听，看上去女儿还挺苦恼的。我就告诉女儿，有人喜欢她说明她很可爱，如果自己不喜欢对方并表示拒绝，对方过一阵子就会明白并转移目标的。

过了一段时间以后，女儿就告诉我，那个小男孩不再追她，而去追班里另外一个女生了。

那时，我常听女儿说，班里有个叫国豪的同学，学习挺好的，经常会送她礼物，而且还特意把他的亲戚从美国为他买回来的学习用具送给她。我记得女儿曾经跟我说："妈妈，有这么一个喜欢自己的人挺好的，我让他做什么，他总是很愿意帮我。"我就问女儿："那你到底喜欢人家什么呢？"女儿说："我很喜欢他的人，他学习好，而且也愿意帮助我。"不过，过了一段时间以后，他们两个就都"移情别恋"了。我留心观察女儿，那一段感情结束后，她没有丝毫的难过和遗憾。可见，小学生的"感情"是很纯真的好朋友关系。

小学阶段，女儿常会给我讲班里同学之间的"恋爱"故事，无非是今天这个男生送给那个女生一支铅笔，明天这个女生给那个男生写了个字条等。而且，就我所知，不少同学从上小学到小学毕业，都会换几任"男朋友"或者"女朋友"。小学生随着年纪的增长，对一个人的评价也会发生改变，这也是来回换"朋友"的原因。低年级的时候，一般同学都喜欢学习好的或者听老师话的同学，所以那些"好学生"都比较吃香；到了高年级开始追逐酷酷的感觉，那些淘气或者长得好看的男生女生就相对受欢迎了。

无论如何，小学生之间互相的吸引，压根儿就不能叫作"恋爱"，只是一种朦朦胧胧的好感而已。到了高年级，性别意识开始觉醒，孩子对异性开始有一种好奇，因此开始渴望了解异性、接近异性。但是，他们对恋爱的意义并不十分清楚，更多的时候，他们的行为是受大众媒介的影响，从电视、电影、网络上学来的，大多时候只是表面的模仿。

有一个五年级女孩的妈妈给我打电话，说她看到女儿的QQ好友里有一个男孩子的QQ签名是：我喜欢我们班里的一个女生，她长得很漂亮，她的名字叫×××。那个名字正是她女儿的，于是她非常着急，想跟那个男孩子的妈妈打个电话，让那个妈妈管管自己的孩子，不要再找她姑娘了。我没有多说，只是让她不要太担心，耐心等一段时间，看看有什么变化。没过多久，那个妈妈就跟我说，她的姑娘和那个男孩好像已经分开了。她还说，多亏没有打那个电话，否则真不知道该怎么说。

从女儿和她周围的孩子们身上，我总感觉小学时期男女同学之间的交往非常正常，就算如孩子们所说某某同学和某某同学

"相爱"了，家长也没有必要紧张，这种"爱"往往都是昙花一现，很快就会过去。而且，我发现，女儿那个班里的同学长大后，就算当初"恋爱"过的，现在也都是非常纯粹的好朋友。我有时候会跟女儿开玩笑，提起她小时候那些趣事，她都会哈哈一笑，觉得自己那时候真是太幼稚了。

不过，如今大众媒介的影响非常大，无论电影、电视、杂志还是网络，都会有许多关于"爱"的镜头，这对孩子就是一种强烈的诱导。受这些媒介的影响，孩子们往往会去模仿，有些便因为模仿过头而出现问题。所以，家长一定要告诉孩子男女同学之间交往的界限，让孩子从小建立健康的交友观念。

科学引导，健康上网

如今网络已经成为人们生活不可分割的一部分，孩子们生长在信息化的网络时代，不可能不去接触网络。孩子上网没有问题，但如果花太多时间上网而耽误学习和生活就有问题了。

女儿上小学的时候，我在一家教育网站做编辑，先生则自己经营着一个网站，网络是我们俩的工作平台，偶尔我俩也会把工作带回家做，在当时可以说是两个"网虫"了。

我们每天会上网，女儿小小年纪便也学会了上网，但她从来没有迷恋网络。网络，对她来说一直是查阅资料的工具。她上小学时，每当遇到不懂的问题，手头的工具书不能解决，爸爸妈妈也不能回答时，我会帮助她到搜索引擎上查找答案。

上了中学，除了查找资料外，她会在周末上"人人网"看看新老同学的状态，偶尔也会上QQ，女儿在网上的主要活动是下载英语原版电影看。总之，女儿都是在健康上网，不像有些小朋友玩游戏玩得废寝忘食甚至成瘾。因此，我没有为女儿上网耽误学习时间而纠结过。

现在网络成瘾已经成了中小学生一个很严重的问题，令许多家长头痛不堪，所以，我也在这方面不断思考和探讨。

一次，跟一个做网络游戏的朋友聊天，他说网络游戏之所以那么吸引孩子，是因为游戏商在制作软件的时候分析了孩子的心理，并尽量满足他们。在虚拟的世界里，孩子们如果成功了，可以得到欣赏、肯定和奖励，比如过关成功，系统会发出"你很了不起，继续加油"的鼓励，随之便有升级或者"发钱"的奖励。如果失败了，系统会说："没有关系的，再来一次！"在这种激励模式下，孩子们的好奇心和成就感不断被满足，自信心也在不断提高。

回到现实中，有时孩子下了很大的工夫取得了一些成绩，家长却认为那是应该的，视而不见，还不满足地跟别人家的孩子做比较。我就听见一个五年级同学的妈妈说，儿子考了90多分后兴奋地跟他们两口子汇报成绩，她的先生不去夸奖孩子，而是来了一句："你们班考90分以上的有几个？有没有100分的？"当孩子告诉他有好几个人考100分的时候，他说："这么说来，你这成绩也不高呀！"孩子当下扭头就走，边走边嘟囔："我就知道，就算我考了100分，你也不会满意的。"这个很聪明、原先成绩不错的孩子，上初中后就开始沉迷于网络游戏，成绩一路下滑，令家长头痛不已。这个孩子很可能就是因为在现实生活中得不到欣赏和鼓励，所以到网络上去寻找了。聪明的孩子玩游戏也会升级升得很快，成就感能够被不断满足，因此更容易沉迷于其中。

学习好的孩子尚且如此，那些学习成绩差的孩子，在学校里得不到老师和同学的肯定，在家里，家长也只看成绩，看不到孩子别的方面的长处，只会一味指责甚至打骂。这样的孩子一旦进入网络游戏世界，就会被深深吸引，越陷越深，到后来即使明白了上网很耽误自己的前程，也不能自拔，其实他是渴望从网络里获得被肯定、被欣赏的温暖和不断高升的成就感。

总之，在生活中缺少肯定和鼓励的孩子容易沉迷于网络，那些除了学习就没有别的课余生活的孩子也容易沉迷于网络。

所以，要想让孩子科学上网而不至于迷恋网络，我们家长在引导孩子上网方面要做一些工作。

我感觉女儿一直没有那么痴迷网络有以下几个原因：

第一，女儿用大量的课余时间阅读课外书。

因为女儿从小养成了阅读的习惯，而且家里到处放的是书，她更方便接触的是书，所以有空她就会看书，毕竟网络里的那些游戏或者信息没法跟书相比。曾经看过一个故事，有位妈妈的几个孩子整天沉迷于电视（那时候还没有电脑），让她非常头疼，后来她想了一个办法，就是把孩子们带到附近的图书馆，去了几次以后，孩子们便不再窝在家里看电视了，而更愿意去图书馆读书。所以说，培养阅读的习惯，是预防孩子上网成瘾的一个好方法。我相信，喜欢阅读的孩子就算上网，也绝对不会成瘾的，顶多会把网络变成生活的调味品。

第二，学习之余，我们给女儿安排了丰富多彩的娱乐活动。

比如周末带她去郊游、去博物馆，长假去旅游，就算平时也会在晚上她写完作业的时候，鼓励她约上小朋友去运动等，这些健康快乐的活动把她的时间占得很满，她无暇顾及网络。女儿有不少这样的小伙伴，因为丰富多彩的课外生活，他们并不迷恋网络。

第三，满足孩子的内心渴望。

每个孩子的内心都渴望爱、接纳、肯定、赞赏、尊重，如果这些渴望能被满足，他们的言行就会比较正常，否则就会出现偏差。日常生活和学习，对女儿的每一点进步，我们都会很满足并赞赏、夸奖她，就算她有些不尽如人意的地方，我们也都采取忽略或者鼓励的方式。爸爸妈妈一贯的接纳、肯定，不断满足着她内心的渴望，不断的夸赞和鼓励又让她时时有成就感，所以，她便没有必要到虚拟的网络世界寻求安慰。

第四，我和先生都不玩游戏。

虽然我和先生当时都在网络公司上班，但我们都是利用网络来工作，从不玩网络游戏。我想这便是父母的示范和榜样作用，我和先生不玩游戏，女儿便没有机会了解游戏，也就不怎么去玩了。

现在有些小学生的父母本身就是游戏迷，回到家一有空就玩，如此，孩子怎么会不玩游戏呢？我的一个朋友，发现儿子喜欢游戏，便抱着了解儿子为什么那么喜欢的心理也开始玩游戏，结果，他比儿子玩得还上瘾。后来，他再说儿子的时候就没有了底气，效果也就可想而知了。因此，如果我们不希望孩子花费大量的时间在网络游戏里，那么做父母的应该率先垂范，远离网络游戏。

第五，不把电脑放在孩子的屋子里。

我在女儿上高中前做了一件事情，就是把我家的电脑从书房搬到了客厅。这么做是防止女儿上网的时候浏览不健康的信息，或者单独在一个屋子里上网，不能控制时间。虽然女儿并不迷恋网络，我还是做了预防工作，感觉还是有效的。我认为小学生的家长也可以这样做，尤其不要把电脑放置在孩子自己的屋子里。

我们在这里讨论上网和玩游戏的问题，并不是说网络和游戏有什么不好。如今网络已经成为人们生活不可分割的一部分，孩子们生长在信息化的网络时代，不可能不去接触网络。孩子上网没有问题，但如果花太多时间上网而耽误学习和生活就有问题了。所以，为了避免孩子在网络上花费太多的时间，我们还是可以做一些事情的。

首先，我觉得我家的那些预防性质的工作，大家不妨借鉴一下，重点就是让孩子的内心渴望在现实生活中就得到满足，而不需要去网络上寻找。而且，预防的目的是尽早养成好的习惯，而不必等着坏习惯养成了才去纠正。

其次，给孩子规定上网（如今的孩子则是看手机）时间的方法也非常可行。这个规矩要尽早立，在孩子一二年级的时候就开始。比如每天允许孩子上网一个小时或者更长时间，这个规定可以有些弹性，但是弹性不要太大。之所以有弹性，是从游戏的角度考虑，游戏的过关等设计不是以时间计算的。如果孩子玩一个小时正好玩到半截，强行让他关电脑，孩子就算关机了，心思也收不回来，不如大概给他定个时间，在第一关没有完成的情况下可以延长，但绝对不能开始第二关的游戏。

这一点，非常考验家长的恒心。也就是说规定了时间就一定要执行，而且坚持不懈地执行，不要对孩子有恻隐之心，目的就是让孩子养成习惯，时间一到，就算家长不在跟前孩子也会主动关电脑。习惯一旦养成，孩子就会自觉遵守。

其实三年级以下的孩子是很听话的，只要规矩定得非常明确，孩子是会遵守的。所以，习惯的养成需趁早。

再次，就是用"亲密接触"的方式赶孩子下网。在孩子上网的时候，不说"别玩了"这样的话，而是做一些亲昵的动作，比如抚摸他的肩膀，摸摸他的脑袋，或者用脸贴一贴孩子的脸。做这些的时候甚至都不用说什么话，孩子就会停止上网，去做他应该做的。这已经在有些孩子的身上得到了验证。

有位10岁小男孩的妈妈是这样做的：

第一天，她扶着儿子的肩膀给他按摩了一会儿，然后用脸贴了贴儿子的脸，什么也没有说。因为他们母子关系很好，妈妈和儿子经常有亲昵的动作。当时，儿子说："老妈，你干吗呀？我再上一会儿就不上了。"结果，儿子真的几分钟后就关机去做别的事情去了。

第二天，儿子又上网了。她又过去给他按摩，不过这次她端了一盘樱桃。给儿子揉了揉肩膀后，她就坐在儿子的边上给儿子喂樱桃。当她喂到第8个樱桃的时候，儿子说话了："妈，我再上10分钟，10分钟后就下。"她笑笑，没有说话，继续给儿子喂樱桃，又喂了两个，儿子就说："好了，我下了，不玩了。"

这位妈妈没有说什么话，她只用她的爱就达到了目的，比不厌其烦的说教和打骂孩子效果要好得多。网络是把双刃剑，相信在家长的正确引导下，孩子都会健康上网，并利用好网络这个工具。

走近青春期，由指导变陪伴

孩子到了十一二岁的时候，不仅个子长高了，在各个方面也都变得不那么听话了。不过既然几乎所有的孩子都是这样，就说明这一切都是正常的，是孩子成长的必然规律。

女儿五年级开始，班里的女生们就陆陆续续来了月经。看同学们用卫生巾，女儿曾经十分神往地问我："妈妈，我什么时候来月经啊？"我就问她月经是什么，女儿只是一知半解，我就给她讲了女孩子生理上的一些常识。就在同时，女儿的个子开始猛长，一年时间就长得跟我差不多高了。

非常幸运，那时候女儿班上有个非常细心的妈妈，孩子们五年级的时候，她就提醒我们，在女儿的书包里准备几片卫生护垫，以防女儿突然来了月经。她还提醒我们，要教给女儿如何用卫生巾。在她的提醒下，我真的有一天拿着女儿的内裤和卫生巾，给她讲解如何使用。女儿学得很仔细，告诉我说她其实很久以来就想知道卫生巾到底是如何使用的，只是不好意思说出口。那位妈妈还及时提醒我们，该给女儿准备少女专用的胸罩，以防孩子的乳房将来发育不好。很感谢那位妈妈，因为她的提醒，我当时真的少了许多手足无措。

比女孩子稍微晚一点，男孩子的家长们则发现儿子的声音像患了咽喉炎似的，变得沙哑，外貌也开始发生变化。记得当时女儿一个同学的妈妈说，她的儿子突然间"毛乎乎"的，让她一时很难接受。

也有的家长发现儿子开始遗精。有一位朋友的儿子从小睡觉都不穿内裤，有一天，她发现儿子床单上有了印迹，就跟儿子说："呀，帅哥，我发现你长大了哦。知道吗？从此你大概就有了当爸爸的资格了。不过，妈妈先给你提个要求，以后睡觉把内裤穿上，妈妈可不想老给你洗床单。"经她这么轻描淡写地一说，她的儿子从此晚上睡觉穿上了内裤。

到了五六年级的时候，孩子们的身体告诉我们，他们就要告别童年，走进青春期了。如今我们大概都能坦然接受孩子的身体成长，伴随身体的成长，我们也需要关注孩子心智的变化。

女儿小时候，很喜欢和我们一起出去玩，如果有的周末我们因为忙不能带她出去游玩，她会表示抗议"就这么在家傻待着"，且会央求我们带她去爬山或者逛公园。到了六年级的时候，则没有那么积极主动了，我们组织活动，除非有别的小朋友一起，否则她更愿意我和她爸爸出去，她一个人待在家里，或看书或看电视。起初，先生很是不解，觉得孩子长大了反而不跟自己亲了。后来我们跟过来人聊天，才逐渐明白那是孩子长大的表现，而不是有意跟家长疏离。

有个朋友说她女儿从小就被她带着到处玩。还在上幼儿园的时候，他们家在济南，她会时常带着女儿到全国各地甚至出国去游玩，所以女儿在幼儿园很自由，三年里也没有上过多少天幼儿园。她的女儿上小学低年级时，如果她想带女儿出去，也会跟老师请个假，女儿也乐意。上了五年级以后，她再要求跟老师请假，女儿就表示反对，不愿意再随意请假了。暑假时朋友想带女儿去旅游，女儿也明确表示，她不愿意去旅游，而愿意回外地的奶奶家。朋友说，被女儿屡屡拒绝，她甚至感觉有些失落。

到了十一二岁，孩子会隐约觉得自己已经长大，而不愿意再做父母的"跟屁虫"，这是孩子自然成长的正常表现。这个时候家长就要了解这个阶段孩子的心理需求，调整过去的教育模式，根据需求来重新教育孩子。孩子长大后，他学到的知识以及从各个渠道了解到的信息甚至超越了家长，他开始以批判的眼光审视家长，再也不把大人的话当作权威来遵照执行了，这个时候家长应该从过去指导者的角色变为陪伴者和引导者。要允许孩子以自己的方式长大，在适当的时候给予引导，而不能把自己的意志强加于孩子。

关于交朋友，我看到女儿的班里不仅出现了男女同学"早恋"的现象，女儿的同性伙伴也由原来的一大群缩减到两三个。到小学毕业的时候，女儿只跟两个小女孩成了"闺蜜"，且模仿当时非常流行的S.H.E组合组成了S.A.Y组合，因为她们三个人的英文名字的首字母分别是这几个字母。她们的交往也不像以前那样只顾打打闹闹，而是开始有了窃窃私语。

这时，女儿非常看重同学们对她的评价，曾经因为同学说她不够三好学生资格，伤心得哭了又哭。我们在劝她的时候，她还怀疑我们只是在哄她，因为她是真心希望同学能向她道歉，给她正名。

在穿衣服上，女儿小时候，我喜欢给她买合身的衣服，尤其是裤子，我喜欢让她穿紧身的运动裤或者牛仔裤。女儿个子不高，我认为瘦一点的裤子可以让女儿显得利落又高挑一些，运动起来也方便。到了六年级的时候，女儿却喜欢上了肥腿裤子。我带她去买衣服的时候，她就要穿裤腿很肥、适合户外运动的那种裤子，上面还有好几个口袋。我总觉得有些累赘，她却一定要买。看她态度坚决，我只好依从了她。不过，过了一段时间，我发现女儿又不穿肥腿裤子了，转而喜欢上了紧身的牛仔裤装等。

可见，孩子成长会有自己的敏感期或者说关键期，在那段时间，他就是有那样的需求，过了那个阶段，他又会发生别的变化。家长不妨尊重孩子的成长，顺其自然，在不同年龄段给予孩子那个阶段适合的陪伴，别让孩子错过了他真正需要的东西。

06 沟通

换个方式表达爱

在亲子关系里，
父母和孩子沟通无论采用什么样的方式，
重要的都不是形式，而是最终的效果。
孩子的进步似乎是自然而然且无可阻挡的一个过程，
家长只要用全心的爱去陪伴，
并静静地等待和欣赏就已足够。

我家的"邮筒"和"BBS"

随着孩子的不断成长,他的内心需求也会随之发生变化,这要求家长也要跟着成长,变换自己和孩子互动的方式,否则便会引发新的冲突。

女儿从小到大的许多东西我都不舍得扔掉,一直给她保存着。有一次,我在整理东西的时候,看到了一张很有意思的小纸片。那是女儿小时候画的一幅画,画上一个小女孩哭得非常伤心,框里的旁白是:"为什么奶奶来了以后,你们就不管我了?"纸片的右下角写着:"请爸爸速回信!"

我不禁哑然失笑,思绪回到了多年前……

女儿小学二年级的第一学期,她的奶奶来北京看病。我和先生突然一下子忙了起来,白天忙工作,晚上照顾奶奶,周六日也要带着奶奶去医院。这样一来,我们就都顾不上女儿了。本来每周一次的家庭日活动也被迫取消了，每天晚上三个人一起的游戏时间也没有了。

一天晚上，先生很晚才从外面回来，看到床头柜上放着女儿给他的一封"信"，也就是上面提到的那张小纸片。

当时女儿已经入睡。先生心疼地看了看可爱的女儿，赶紧写了一封回信，给她解释了爸爸和妈妈最近冷落她的原因，并对她表示了歉意。写好后，放在了她的写字桌上。

从此，女儿有什么心思，又没有机会跟爸爸妈妈当面诉说的时候，就用这种传纸条的方式，而且几乎每次都会注明："速回信！"我们也每次都认真写回信。

后来，先生提议：我们不妨在家建立一个"邮局"，设立三个"邮筒"，大家可以互相写信，写给谁的信就投到谁的"邮筒"里。于是，我把一个有三个口袋的挂袋挂在了门上，这三个口袋的外面由女儿画上头像并分别写上我们三个人的名字。

很长一段时间，我家的"邮局"业务非常繁忙，我几乎每个星期都可以收到女儿的来信，有时甚至一星期可以收到两三封信。起初，女儿因为用文字表达不到位，多半时候都用图画代替，那些可爱的小图片，到现在想起来都让我觉得温馨无比……

看过一篇关于作家秦文君的文章，文中就提到秦文君和女儿也采用写信的方式进行沟通。这种沟通方式的效果非常神奇。刚开始是女儿先给我们写信，我们回信，后来我们也会主动写给女儿，告诉女儿我们对某些事情的看法等，甚至我们把看到的好文章或者笑话等也会剪裁下来放进女儿的"邮筒"。尤其是在孩子有情绪的时候，我们用这种方式把自己的想法提出来，一般不会伤害孩子的自尊，而且我们把自己的想法和情绪转化成文字写出来，自己也会理智、平和得多。因此，女儿总是读信写信，好几年都乐此不疲。

几年下来，女儿写给我们的信从图画变成文字，这些文字越写越长，有的分明就是一篇很好的文章。看样子，家长和孩子之间互相写信，不仅加强了亲子互动，也锻炼了孩子的文字表达能力，实在是一举两得的好事情。

我家除了这个"邮筒"之外，还有一个不错的利用文字的沟通方式。女儿五年级的时候，我们准备了一个笔记本，并命名为"家庭日记本"，在这个日记本上，每个人都可以随意写下家里发生的事情和自己的看法，别人也可以在后面写评论。那个时候，网络上流行所谓的"火星文"，调皮的女儿的留言里经常满篇的网络符号，让我和她爸爸往往莫名其妙又忍俊不禁。

这个本子好比我家的"BBS"，记下了当时家里发生的许多好人好事。比如一次我病了，让女儿给我拿药，她不仅给我拿了药，还把放药的抽屉收拾得整整齐齐。第二天我便在"BBS"上大书特书这件事情，先生也在"跟帖"中对女儿表示了欣赏和赞扬。相信女儿翻看的时候，一定会对爸爸妈妈的表扬有感觉，在别的事情上也会表现得更好。

在这个"BBS"上，也可以看到一些"大事"的讨论。比如，楼主爸爸写了给女儿讲数学题的一些感受，指出女儿的长处和存在的不足，女儿在回帖中也会谈及自己学习中的一些疑惑和对爸爸的看法。临了还不忘记幽她爸爸一默："别忘了通向公司的路哦。"原来爸爸在给女儿讲课的时候，把"通项公式"写成了"通向公司"，从此女儿常拿这个开爸爸的玩笑。

这个"BBS"大约存在了两年。和"邮筒"比起来，我更喜欢这个"BBS"，因为更加开放，大家的所思所想可以展现在一页纸上。而且这样的本子便于保存，过一段时间以后，大家一起互相翻翻，感觉很温暖。一直到现在，我和先生过一段时间都会拿出这个本子来看看，每当看到这些，孩子小时候的事情就会历历在目，不能不说是一种享受。

到了中学以后，女儿就不太喜爱"邮筒""BBS"了，开始自己把日记本藏起来，不让我们了解她心里的想法了。但是，她还是愿意时不时地给爸爸或者妈妈写封信，提出她的要求。她在我们这里受到了不公正的待遇，也会写封长信摆事实讲道理来达到说服我们的目的。这招非常灵验，每次女儿的长信过来以后，矛盾很快就会化解。

我感觉，在亲子关系里，父母和孩子沟通无论采用什么样的方式，重要的都不是形式，而是最终的效果。我家的文字交流，也是在面对面交流不畅的情况下才会采用。不过，从家庭和谐方面来讲，这种方式确实避免了许多正面冲突，同时还提高了女儿的写作能力。

随着孩子的不断成长，他的内心需求也会随之发生变化，这要求家长也要跟着成长，变换自己和孩子互动的方式，否则便会引发新的冲突。我就亲眼看到一个上初中的女孩对妈妈说："你当我还是三岁小孩呢！"而那位妈妈则告诉我，其实在孩子这么多年的成长历程中，她一直是这么跟孩子说话的，原来女儿听得好好的，如今则行不通了。所以说，家长这个岗位是需要不断学习不断进步的。如今，我的女儿已经长大，我还时常感觉：家庭教育之路，任重而道远。

爸爸表达爱的独特方式

对孩子来说,只有感受到爸爸妈妈的重视和爱,才能学会重视并爱惜自己。只有重视和爱惜自己的孩子,才有足够的自信。而自信,正是一个人成功的前提条件。

有一个暑假,我带女儿出去旅游,在外地玩了两个星期。回京的那天,先生打电话告诉我们,他有事接不了我们娘儿俩,让我们自己回家。

我和女儿打开门,看到一进门的地板上整整齐齐地摆着一大一小两双拖鞋,我们脱鞋抬脚就可以穿上。两双拖鞋前面,靠墙的白板上画着一个大大的笑脸,旁边写着几个大字:"欢迎宝贝们回家!"

女儿看见爸爸摆的鞋子和画的画,哈哈大笑,说:"爸爸太好玩了!"

我则感动得差点掉了眼泪……

每个家庭里都有自己爱的语言，先生的这个欢迎仪式在我看来就是最好的爱的语言。他虽然没有时间去火车站接我们回家，却用自己独特的创意，营造出一个温馨的欢迎仪式。多年过去了，我和女儿谈起那次的场景，女儿还记得非常清楚。我想那应该已经刻在她记忆的深处了，因为那是爸爸一份特别的爱。

要营造和谐的家庭环境，爸爸妈妈除了每天提供给孩子足够的吃、穿、用的东西之外，有时候确实需要一点小小的创新，给平淡的生活加点作料。

女儿小的时候，我们初到北京打拼，为了能在北京站住脚，先生的工作非常忙碌，生活压力也很大。但是无论多忙，他总会想方设法抽出时间陪伴女儿。这让我觉得，在女儿的成长过程中，先生是和我并肩作战的，这也让许多在养育孩子的过程中孤军奋战的妈妈们非常羡慕。

先生的小小创意非常多。如果他哪一天比女儿先回家了，听到女儿上楼的脚步声，他会躲在门后，女儿进门后，看到爸爸的鞋在门口，却满屋子找不到他，他则突然冒出来从后面一下子抱起女儿，吓女儿一跳。每当这个时候，女儿便会嗔怪爸爸，爸爸则"假惺惺"地道歉，让闺女用各种办法惩罚他，他则乘机可以跟闺女在一起玩一会儿。有时候，女儿一进门看到爸爸的鞋，便会大声喊："爸爸，你出来，我不会再上当了！"然而爸爸这次却藏在了阳台上坚决不肯露面。有的时候，女儿故意不去找爸爸，让爸爸等啊等的……

无论用什么样的方式逗女儿玩，先生传达的意思只有一个，那就是他爱女儿，而且做各种各样的努力，让女儿体验到爸爸的爱。

其实，孩子们更希望和爸爸一起玩耍，因为爸爸比起妈妈来更加豪放，而且也能放开了和孩子一起打闹。经常和爸爸在一起的孩子更加自由奔放，性格相对也开朗一些。女儿小时候特别愿意让爸爸陪她，和爸爸的关系非常好。如果爸爸出差几天不在家，她便会说："我好想爸爸呀。"

那应该是女儿二年级的春天，我们一家三口去玉渊潭公园放风筝，放了没多会儿，风筝就挂到了一棵很高的刺槐树上，怎么也扯不下来了。眼看着刚刚买的还没有怎么放的风筝挂在了树上，女儿差点哭了出来。只见先生二话没说，三下五除二就爬到了树上，不仅把女儿的风筝摘了下来，还把挂在上面的别人舍弃的风筝也摘了下来送给女儿。女儿站在树下，仰着小脸激动地大声叫道："爸爸，你好厉害啊，我真为你感到自豪！"

春天的玉渊潭游人很多，大家看着树上灵巧的爸爸和树下骄傲的女儿，都会心地笑了。没有一个人指责先生在公园里擅自爬树，我想大家是被一个爸爸对女儿的爱感动了吧！

毋庸置疑，那些成天忙于工作而没有时间和孩子玩耍的爸爸,也一定非常爱自己的孩子,可是,如果我们不抽出一些时间和孩子在一起相处,孩子便感受不到爸爸的爱。感受不到爸爸的爱,如何跟爸爸搞好关系呢?这也是许多孩子到了青春期的时候跟爸爸隔阂很深的原因之一。

我家曾经发生的一件事,足以说明孩子多么想要爸爸的陪伴。

女儿五年级的秋天,班里组织家长和孩子们一起到郊区采摘。起初,女儿问先生能不能参加,先生爽快地答应了,女儿非常高兴。后来,先生临时有事,跟女儿说他可能去不了了。女儿听到爸爸说不能陪她去采摘的时候,伤心地哭了起来。第二天,她在我们家的"BBS"上写了这样一段话:

我刚听到你说不去了,我实在忍不住哭了出来,我拉着你的手,喊着不让你去干别的事,让你一定要和我一起去玩。那是因为我有一种感觉,就是以后你跟我一起玩的机会会越来越少的。爸爸,你好好考虑考虑,去还是不去?

在这段话的后面,女儿画了一个哭脸和笑脸,并在哭脸的前面写着"请别让我",而在笑脸的前面写着"请让我"。意思就是:请别让我哭,请让我笑!

先生看到这段话,被女儿的祈求深深感染,他当即决定,无论如何也要陪女儿去采摘。他在女儿的"帖子"后面回复:

亲爱的宝贝：

真没想到你这么希望爸爸陪你去玩！这世界上还有什么比我宝贝更重要？爸爸去！！！什么也不管了，只要我女儿高兴！

先生真的把周末的活动推掉了，和我一起陪女儿参加了他们班里的采摘活动。那一天，无论是挖白薯还是摘鸭梨，女儿都干得非常起劲，因为无论做什么，在她的后面都有爸爸妈妈的支持，看得出来，她非常高兴。

从那以后，先生节假日能不安排外面的应酬就坚决不安排，而把时间留给女儿。有几次他不惜放下工作陪我和女儿出去旅游，以满足女儿的需要。

正如先生说的，家长肯花时间陪自己的孩子，传达给孩子的信息就是："在我眼里，你是最重要的！""爸爸是非常爱你的！"对孩子来说，只有感受到爸爸妈妈的重视和爱，才能学会重视并爱惜自己。只有重视和爱惜自己的孩子，才有足够的自信。而自信，正是一个人成功的前提条件。

爸爸妈妈的工作永远都做不完，而孩子的童年只有一次，孩子对爸爸妈妈的依恋也就那么几年的时间。事实上，女儿到六年级的时候，就不太喜欢跟爸爸妈妈一起玩了，而是更愿意找同学或者独自一个人在家待着。这时，回想先生当年无论多忙都尽量抽时间和女儿一起活动，真的是非常明智的选择。后来，包括在叛逆、敏感的青春期，女儿都一直能和爸爸保持良好的关系，我想跟她小时候先生的付出是密不可分的。

美国著名的家庭教育专家麦道卫先生说:"爱的城堡是由'时间'构筑而成的。"爸爸们,请抽出一些时间和孩子们在一起,毕竟孩子的成长不等人,莫等孩子长大了空后悔啊!

"契约约束"很有必要

虽然以书面契约方式跟孩子进行约定稍微麻烦了一点,但是对孩子行为习惯和学习习惯的培养确实会有帮助,而且也会有效地建立孩子的规则意识,是事半功倍的好事。

我们家曾经有一个本子,是个"家庭手册"。手册的前几页是我们全家民主提议,并由女儿执笔写下来的"家庭守则"。守则内容包括日常生活中每个人的行为规范,因为时间太久,那个本子已经找不到了,我记忆中的内容大概是这样的:

进门后,把脱下来的鞋摆放整齐,不摆放整齐,一次罚款5元;

吃完饭,把各自的碗筷收拾到厨房,不收拾者洗碗两次;

对别人有意见,要好好说话,不能大声嚷嚷,违反者,打扫屋子一次；

女儿回家后先写作业，然后再去玩，违反一次，周末在家待着不许出门；

女儿写完作业要把书包收拾好，如果去学校落了东西，后果自负，爸爸妈妈绝对不去送；

抽烟要去楼道，而不能在家里，违反者，罚款10元；

…………

后来在我学习的家庭教育理论中就讲到，规则或者目标的制定应该是具体的、可操作的并且可评估的，现在看来，我们制定的这些规则还是比较规范的。

对于违反守则的人，不仅有金钱和干家务的处罚，还要在家里的小黑板上进行公示，因此那个时候来我家的客人，都对我家门口挂的小黑板上的文字有些莫名其妙。比如，那上面写着：

3月2日，爸爸，鞋不齐，罚5元；

3月5日，爸爸，鞋不齐，罚5元；

3月13日，女儿，没收碗筷，洗碗两次；

3月20日，妈妈，大声嚷嚷，打扫屋子一次；

…………

"家庭守则"的执行官是女儿，黑板上的公示由她来写，罚款也由她收取和管理,积攒到一定程度,全家人就去下馆子或者一起出去玩一次。因为有权有钱,女儿非常认真、负责,对于违反规则的人,她绝不姑息,一定要在黑板上写下来。

每个月末我们则要对一个月的整体情况做一个总结。总结工作通常是三个人坐在一起口头进行,由我执笔在本子上把总结写下来。我一般都用幽默的语言这样写道:

本月爸国表现有些欠佳,仅"鞋不齐"一项就被罚款三次,以后需要多加注意,认真地改正错误,否则将受到重罚;妈国又一次情绪激动,大声说话了,被罚打扫屋子,需要多多反省;女儿国表现非常好,竟然一次违反规定的事情都没有发生,值得大力表扬,希望再接再厉。

现在回头反思,觉得我们的"家庭守则"没有奖励制度是一个缺憾。对表现不好的人有惩罚,对表现好的人就应该有所奖励,这样的激励作用对孩子来说更好,只是奖励要讲求方式和额度,不能变成为了奖励而去表现,那样就违背初衷了。

我们家的这个"家庭守则"是孩子三年级的时候制定的,持续了一年多的时间。有这个守则的约束,且拥有监督的权力,加上不舍得自己的零花钱被罚,女儿表现得非常好,经常是好几个月都不违规一次,一些行为习惯也在这个过程中逐渐建立起来。比如,她收拾书包的习惯一直保持得非常好,从小学到中学,每天晚上写完作业，她都会把第二天要带的文具收拾到书包里，第二天早晨吃过早饭上学，拎起书包就出门了。

值得一提的是，在我们执行"家庭守则"的过程中，先生总是屡屡犯规，不把那些条款当回事。有好几个月，先生都被罚了几十元钱。虽然每次月底"缴纳"罚款的时候，先生都表现出非常难过的样子，但是这样的示范作用很不可取，因为后来我们没有守则的时候，女儿有时候会把"爸爸怎么不做"当借口来搪塞。所以，许多时候对孩子的培养就是对家长的考验，家长的榜样力量很重要。

家长应该为孩子的行为立一些规矩，让孩子从小建立规则意识，孩子才能更好地适应将来的学校和社会生活。

立规矩有多种方式。首先，家长要做个好榜样，家长是有规矩的人，孩子依样学样，自然也会成为有规矩的人。其次，家长的口头教育也不能少，随时随地，家长都要教给孩子做事的规矩。以上两点，必须言传身教。另外，像我家这样的"契约约束"也很有效果，因为无论大人还是小孩，都更愿意遵守形成条文的约定，这对亲子双方都是很好的约束。在生活中，家长总是不自觉地用自己长期以来养成的习惯做事，而有了跟孩子签订的契约，家长便会有意识地做些改变，这对大人自己来说，也是非常有益的事情。孩子因为生活经验还比较少，属于比较单纯的接受状态，更加容易在规则的约束下养成良好的生活习惯。

既然家里制定契约的目的是要孩子养成良好的习惯，那就需要坚持一段时日，因为习惯的养成不是一天两天的事。理论上讲，一个习惯的初步养成需要21天的时间，一个习惯的基本养成则需要3个月的时间。也就是说，所制定的契约执行3个月的话，孩子的习惯就基本养成了。当然，时间越长，效果会越好。我家就是执行了一年多的时间，我感觉效果还不错。

女儿上初一后，先生从一个朋友那里拿回来一套适合小学四年级到高中学生的学习提高手册，我翻了翻觉得挺好的，就和孩子商量实施那套手册里的方法。这个学习手册里就包括一个家长和孩子签订的训练合同书，训练的内容虽然很简单，但是明确界定在孩子的学习品质和生活品质的培养中，孩子应该做哪些工作，父母应该做哪些工作，训练的期限就是3个月。

为了孩子养成良好的学习习惯，也为了孩子的学习成绩更上一层楼，我们亲子双方严格按照合同的约定，各自做好分内的事情。神奇的是，就在我们进行训练的过程中，女儿的一次期中考试考了班级第一名、年级第二名。在我的印象中，这是女儿学生生涯中取得的最好成绩。由此可见，契约训练的成效是显著的。

虽然我们做的这个训练是女儿上初中以后的事情，但我觉得对小学生的家庭同样适用。

不做书桌上的"直升机父母"

在父母的陪伴下,表面看孩子每天都把任务完成得不错,却造成了孩子的依赖心理,不能锻炼孩子独立探究问题和解决问题的能力;从孩子长远的成长来说,习惯了拄着父母这根"拐杖",还会造成孩子心理上的无力感,使得孩子将来不能很好地面对更加复杂的社会环境。

有一位朋友跟我说,她的女儿从上一年级开始,就在她的陪同下写作业。如今,孩子上五年级了,依然要她陪着,因为只有她陪着,孩子才能进入写作业的状态,如果家里来了客人或者她有事出门,孩子便不能很好地完成作业。鉴于此种情况,她正在努力让孩子逐渐脱离自己,培养孩子独立完成作业的习惯。

还有一位朋友告诉我,她一直坚持着陪儿子写作业,但是情况却随着孩子年龄的增长渐渐复杂化,甚至开始往不好的方向发展。小学的时候,她的学识还足以辅导孩子,儿子写作业,她就坐在旁边,儿子遇到不会的问题,她可以随时解答,对孩子的学习有一定程度的帮助。但是，上了初中以后，对孩子的大部分问题她便无法解答了，可是她依然不放弃陪同，固执地坐在孩子的身边看自己的书。

问及原因，她便语重心长、忧心忡忡地说，怕孩子一个人在屋子里学习管不住自己，会在其他事情上分心，不好好学习。就这样，这位"陪读妈妈"一直陪到初三，孩子的学习成绩都非常好，这位朋友也很有成就感，认为孩子学习上的成功是自己严格监督管理的结果。但是上了高中以后，孩子却开始非常反感妈妈的陪伴了，甚至强烈要求自己学习，遭到妈妈的反对后愈加叛逆，结果成绩出现了下滑。

这两位朋友其实就是典型的孩子书桌上的"直升机父母"——陪读父母。

"直升机父母"是国际上流行的一个词语，意思是父母就像直升机一样盘旋在孩子的上空，时时刻刻监控孩子的一举一动。"直升机父母"的总体表现就是对孩子过度关心，造成孩子对父母的依赖心理。在中国，在学习这件事上，家长陪着孩子写作业的现象非常普遍。许多学龄儿童的父母，无论自己多忙多累，也不管孩子是否需要，都愿意在孩子写作业的时候陪伴左右，随时提供帮助，并认为这是表达关爱的最佳方式。实际上，学习是孩子自己的事情，应该也必须让他学会独立完成，家长只要在孩子需要的时候帮助解决问题就足够了。

女儿上小学以后，我也非常愿意给她提供学习上的帮助。低年级的时候，数学老师要求学生们每天晚上练习几十道速算题，并让家长出题。这个工作我每天都非常认真地去做，出好题后让女儿计算，我则在一旁帮助她计时，每天都圆满完成任务。有时候语文老师会要求家长给孩子听写生字，我也会配合老师认真去做。在老师要求家长签字的时候，我也会"遵命"在孩子的作业本上签上我的"大名"。但是在做过这些应该做的之后，我都要求女儿独自在她自己的屋子里写作业，而且不许随时出来问问题。如果有不懂的问题，也要在某一科作业写完以后，把所有不懂的问题集中起来向父母请教。

　　在孩子对父母形成依赖的这一点上，我印象最深的是关于生字的问题。女儿刚开始读书的时候，经常会遇到生字。一开始，只要碰到不认识的字，她都会直接跑来问我或者爸爸，我们也顺嘴就告诉她了。后来，我就发现女儿开始依赖我们，甚至不愿自己去查字典了，把我和她爸爸当成她的"活字典"了。

　　意识到这个问题以后，我就告诉女儿，遇到不认识和不会写的字应该自己去查字典，不能随口问爸爸妈妈。刚开始女儿挺不乐意，觉得太麻烦。但是我坚持不告诉她，让她去查字典，因为查字典的过程其实就是探究的过程，通过查字典，她不仅能够知道一个字的读音，还可以了解这个字的多个意思。更为重要的是，虽然表面上看只是一个字的问题，但从深层次来看，孩子通过自己的努力独立去解开疑惑，能够锻炼自己主动解决问题的能力。对于小孩子来说，自己查字典以后了解到更多的知识，这也是能带给他们很大成就感的。有了这个小小的锻炼，女儿小学阶段对工具书利用得非常好，不光是读书和写作遇到不懂的字时会翻找字典，就连玩耍时看到不认识的小虫子她都会通过查工具书弄个明白。所以，在学习上家长适度地懒一点，示弱一点，给孩子更多自主学习的机会，看似浪费了时间，实际上是可以帮助孩子提高能力的。

其实，是否陪孩子写作业以及怎么帮助孩子写作业的问题，说到底也是孩子学习习惯的培养问题。

我认识一对夫妻，他们一家是在女儿四年级的时候从新加坡回国的。刚回来的时候因为不太适应国内的学习生活，孩子每天写作业都会写到晚上十一二点。尤其是语文这门课，因为孩子在国外上的是全英文学校，日常生活交际也多用英语，所以回国后语文学习很吃力。有趣的是，虽然那位妈妈出国前是中学语文老师，按理讲辅导女儿的语文学习应该是绰绰有余，但是，她在教会了女儿如何查字典、如何写文章等基本技能之后，就要求女儿独立完成所有作业。夫妻俩非常心疼孩子，所以晚上孩子写作业的时候，他们两个就坐在客厅聊天，等着孩子完成作业后出来跟他们说"晚安"，其间即使夜深了也坚决不去打搅女儿。他们家就是这样定了一个好规矩：孩子自己的事情自己做，家长不去太多干涉。他们的女儿也习惯了这种方式，所以回国后那一段时间就算再难，她也努力独立去完成学习任务。一年以后，这个小姑娘的语文成绩就赶上了从小在国内学习的同学们。不仅如此，这个小姑娘在各方面发展得都非常好，高中毕业后被纽约大学录取。

收藏孩子成长的足迹

看着孩子那些从幼稚到成熟的表达心声的文字，我似乎能看到孩子花朵一样绽放的历程，也能体验孩子生命力的神奇，那真的是成长的力量。

2010年10月22日，女儿所在的学校为高三的孩子举行了成人仪式。当亭亭玉立的女儿身着礼服，穿过"成人门"向我走过来的那一刻，我的眼睛湿润了。

成人，意味着长大，意味着离巢的鸟儿要独自展翅飞翔。为了祝贺女儿长大，我们在成人仪式前的几个月就想着准备一份特别的礼物送给她。

一天，我在收拾女儿书柜的时候，意外看到了我陆续收集并保存的女儿的许多作品，包括幼儿园期间的绘画和手工作品，还有小学到初中的日记本、周记本和作文本，就随手翻了起来。这一翻不要紧，我马上就知道送女儿什么礼物好了。女儿从小到大所写的文字，记录的不就是她成长的足迹吗？把这些文字整理成电子文档，打印出来并装订成册送给女儿，那是多好的礼物啊！

于是，我们开始整理并录入女儿的那些手稿。所有的文字录入后，我们发现，女儿从小到大所写的文字竟然有20多万字，这还不包括初中和高中的日记。

整理女儿那些文字的过程，等于我和先生重温了一次女儿成长的经历。那些稚嫩的文字记录着她的见闻和感受，写出了她对这个世界的认识和看法，回放着她成长中的点点滴滴。在女儿对我们这个家庭的描述里，我们也读出了和女儿一起成长的过程。

花了几十天的时间，一本厚达300多页，被她爸爸起名为"缀叶集"的文集，终于在女儿成人仪式的那天早晨"出版"了。在庄严的成人仪式上，女儿拿到这个礼物的时候，激动地流下了眼泪，随即热烈地拥抱了我们。

文集"出版"后，我们特意多做了几本，想送给身边的亲友们保留。结果，周围的朋友看到这本文集都非常喜欢，纷纷向我们索要。我们便又做了20本，依然很快被大家抢光了。后来，先生索性找了一家印刷厂，印了1000册，作为礼物送给亲朋好友。拿到"缀叶集"的朋友都非常喜欢，大家不仅喜欢一个孩子从幼稚到成熟的记录心路历程的文字，同时也为我们夫妻对孩子的用心深表叹服。

我本来觉得这本"文集"只是很有意义，并没有文学价值，却有几个朋友跟我反馈，他们家的小朋友把女儿的文集当作枕边书，每天看得很认真。后来我便明白，女儿的文集原汁原味，没有经过任何雕琢，因为我们在帮女儿整理的过程中，除了修改错别字之外，没有任何改动，大概小朋友看着很亲切，有些类似他们平时写出来的东西，所以才那么喜欢的。

我收集女儿的东西是从她幼儿园开始的。那时候，幼儿园的老师们每天都会把孩子做的手工和画的画装在一个透明的文件袋里，挂在教室外面的墙上。这样，每天家长来接孩子的时候，都可以看到孩子当天的成就。学期结束的时候，老师会把这个塑料袋交给家长带回家。那三年，我把老师交给我的那些文件袋都保存起来，至今还珍藏在我家的书柜里。

女儿小学二年级的时候，学校开始要求写作文，一开始也就是看图说话，我看女儿看着那些图片想象出来的文字非常有意思，就把她的作文本都留了下来，心想她自己长大后看到了，一定会觉得非常有趣。我也跟女儿商量，让她把日常生活中发生的事情用日记的形式记录下来，并给她买了个小小的日记本。从此，女儿便开始了她的"写作"生涯，我也开始了收藏女儿"文字作品"的工作。

女儿的文字从一开始的只有几行字，到五、六年级的洋洋洒洒几百字甚至上千字；从文字、拼音相夹杂且内容简单，到文采飞扬、思想深刻，不仅文字功夫不断长进，思想和心智也不断成熟。因此，除了幼儿园阶段，女儿的其他作品我都没有保存，唯独保存了她从小的日记、周记、考试作文等文字资料。虽然女儿上小学期间，我们搬了好几次家，也扔掉了不少东西，但女儿的这些作品，我却始终舍不得丢掉，而是像宝贝一样随我们搬来搬去。

在收藏孩子作品的时候，我真的是怀着一颗欣赏孩子的心来做的。看着孩子那些从幼稚到成熟的表达心声的文字，我似乎能看到孩子花朵一样绽放的历程，也能体验孩子生命力的神奇，那真的是成长的力量。翻看女儿的日记本，最短的一篇只有十几个字："今天的风很大，我们没上操。"这是女儿二年级时候写的，当年北京沙尘暴肆虐。五年级的时候她就写出了非常优美的一篇散文《假如我是一片叶》，从春夏秋冬四个季节的角度描述了一片叶子的使命，语文老师给的评语是："你的文采让我佩服！"先生正是非常喜欢女儿的这篇文章，才给文集起名《缀叶集》的。

从女儿那些不断成熟的文字里我深切地感受到，孩子的进步似乎是自然而然且无可阻挡的一个过程，家长只要用全心的爱去陪伴，并静静地等待和欣赏就已足够。

在收藏女儿作品的同时，我家也有一个日记本，由我和先生共同记录女儿的成长。美中不足的是，因为那些年我们的工作非常忙碌，生活压力也非常大，所以育儿日记有些零散。

现在我经常在网上逛博客，看到许多家长每天写文章，记录孩子成长的足迹，这确实是非常了不起的事情，写育儿日记的过程中，内心对孩子的爱便不知不觉涌现出来。就算有小小的情绪，也会在写作的时候宣泄掉，可以很好地调整心态。重要的是，记录下来的这些内容就是孩子成长的足迹，就是送给孩子最好的礼物。

读《六A的力量》这本书，我被美国著名的教育专家麦道卫先生的夫人多蒂所折服。他们有四个孩子，多蒂每年都会给每个孩子准备一本日历，根据每个孩子的喜好，她会买不同的日历。比如，四岁的女儿海伦喜欢猫，她就会给海伦准备配有各种各样小猫图片的日历。她会在每个孩子的日历上张贴当下的照片、奖章并配上文字，记录每个孩子的生活。整理四个孩子的生活写照，花费了多蒂很多的精力和时间，但她却乐此不疲，因为当她看到孩子的成长时，便会从中获得极大的满足。

麦道卫夫人可以为四个孩子收藏他们成长的足迹，我们这些只有一两个孩子的父母，不妨也在工作之余，为孩子做一些事情，随时整理孩子的东西。想一想，当日后孩子长大，我们和他一起看着妈妈收藏的那些"足迹"，回忆小时候发生在他身上的那些有趣的事情，那该是多么温馨啊！

教师节给老师送礼

作为学生和家长，尊敬老师是应该的，适当给老师送些礼物也不为过。不过家长应该本着尊敬老师、感谢老师、爱戴老师的宗旨去准备礼物，应该传达出父母和孩子真正的心声，而不应该有任何功利目的，也不应该以贵贱来衡量礼物的价值。

从幼儿园开始，我们就鼓励女儿在教师节给老师送点小礼物，表示对老师的感谢。她上幼儿园的时候，我们通常会买束花让女儿带去祝贺老师节日快乐，并对老师说声"谢谢"。

小学一年级刚入学没几天就是教师节，女儿让我给她打印了一些漂亮的图片，亲手做成了贺卡，因为还不会写多少字，她就"文字加拼音"地写了一些祝福的话，除了送给刚刚教她的小学老师们，还特意在放学后让爸爸带着她去了趟幼儿园，给教过她的老师们送去祝福。第二天放学后，女儿回来告诉我，学校广播点名表扬她，说她给老师们送的礼物既特别又有意义。

我们之所以让女儿在教师节给老师准备个小礼物，就是想让女儿对老师有一颗感恩的心。"一日为师，终身为父"，我是做了父母并把孩子送到学校之后，才对这句话的体会越来越深刻的。有的时候你会觉得很神奇，啥也不懂的小孩送到学校一年后，就可以阅读很厚的书籍，也能考虑很复杂的问题了。如果说爸爸妈妈是衣食父母，老师就是精神父母。一个人要感谢自己衣食父母的养育，自然也要感谢精神父母的栽培。

在我们的引导下，女儿在每年的教师节给老师送礼物已经成了习惯，四年级的时候还发生了一件到现在都让人忍俊不禁的事情。

四年级刚开学的时候，学校明确跟孩子们说，教师节不许给老师送礼，否则的话三好学生免谈。这可叫女儿犯难了：不送吧，老师们辛辛苦苦教她，在他们的节日里怎么也想表示一下；送吧，又怕那一年当不上三好学生。

可巧，那一年的教师节和中秋节就只差一天，女儿突然想起，去年中秋节过后她收集了几个非常漂亮的月饼盒，不如在这上面下点功夫。于是，她拿出自己储备的彩纸条开始折幸运星。星星折好后，她分装在那些月饼盒里，并且用小纸片给每个老师都写了几句祝福的话，也分别放进月饼盒。教师节那天，她选了个合适的时间，悄悄地把这些月饼盒放到了每个老师的办公桌上。

班主任顾老师也得到了这样一份礼物，她以为是她不在办公室的时候哪个老师放在她那里的月饼,因为不想吃,所以放了几天她都没有打开。

教师节过后的一个上午,一位年轻老师跑到顾老师办公室问:"顾老师,有吃的吗?我没吃早饭,肚子都饿扁了!"顾老师说:"有啊,我这里有月饼。"说着她把放在办公桌上的"月饼"递给了那位老师。那位老师急切地打开月饼盒,高声说:"顾老师,快看哪,这不是月饼,这是些小幸运星,还有一封信呢!"办公室所有的老师都围了过来,那位年轻的老师打开信念道:"亲爱的顾老师,我虽然非常想当三好学生,但我还是斗胆送您这份小小的礼物。祝您节日快乐!"办公室里立马传出了轻松的笑声。

为了不让老师看出她是谁,女儿没有署自己的名字。不过熟悉孩子们字迹的顾老师一眼就看出来是她写的。

后来,顾老师专门给我打电话讲了这件趣事,说她从教几十年,那是她收到的最别致、最温馨的礼物了。虽然礼物并不值钱,但是顾老师内心已经感受到了女儿对她的爱戴和尊敬,老师的心应该也是温暖的。给老师送这样的礼物,老师对女儿的印象能不深刻吗?

每年一到教师节,给老师送什么样的礼物就成了家长们议论纷纷的话题,也让家长们非常头疼。许多家长觉得,不给老师送礼吧,怕老师不关注自己的孩子;给老师送礼吧,也不知道送什么好,害怕比别的家长送得少,老师依然不管自己的孩子,那样就白送了；还有些家长给老师送了很厚的礼，孩子也没有好到哪里去，于是非常懊恼。

有一次听一个朋友说，她每年的教师节都给孩子的老师送一张超市的购物卡，一次送一千元。她说，其他家长都送，她不送怕老师对孩子不好。我质疑说，孩子的老师并不止一个，每科老师都送的话，那得送出去多少钱啊。朋友说，就送主科老师。如果把语文、英语和数学看作主科，也就是说，每年朋友得送给老师三千元的购物卡。我这个朋友在一个小城市生活，收入并不是很高，可为了孩子，她不得不表现得很大方。

如此看来，教师节给老师送礼，最初跟老师并没有关系，毕竟老师是被动收礼，没人送，便没的收。怪只怪有些家长把社会上请客送礼的风气带到了学校，污染了学校这块净土。而更多的家长爱子心切，怕孩子受委屈，看到别人送礼，便不甘落后。某些家长还存在面子心理和攀比心理，总想比别人送得多一些。于是，教师节的送礼之风便越刮越猛，日久，还助长了某些老师的贪欲。

家长悄悄地背着孩子给老师送礼，孩子不知情，还能保留孩子内心的那份纯粹。让人难过的是，我曾亲眼看到，有的家长在教师节让孩子提着非常贵重的礼品送给老师。不知道这些家长是如何想的，但我觉得，这种做法只会让孩子小小年纪就觉得钱可以搞定一切，会让他在现在的学习乃至将来的生活和工作中不去努力，而想着用投机的办法达到目的。这样的结果，我想也是一心为孩子着想的家长们所不愿意看到的。

从幼儿园到高中毕业,教过女儿的老师很多,我们从来没有给任何老师买过贵重的礼物,印象中,一束花便是花钱最多的。女儿上中学后乃至上了大学,在每年的教师节,都会回到曾经就读过的学校去看望不同阶段的老师,大多时候都是给老师买一枝康乃馨。就算这样,在我的感觉里,老师们对女儿都挺好的,没有丝毫的刻意轻慢。

我当老师的那些年,偶尔也会被家长请吃饭,不过,吃过饭后该对孩子什么样还是什么样,不请我吃饭的家长,他的孩子我也会同样对待,并没有什么别的想法。我想,大多数的老师应该和我是一样的,是有最起码的职业道德的,不会因为家长送了礼就会特殊照顾某个孩子,也不会因为家长不送礼就怠慢孩子甚至给孩子穿小鞋。

至于个别老师的行为,应该不具有普遍性。退一步讲,即使孩子的老师真的因为送礼的轻重而对孩子特殊对待,一个因为父母送礼,而非靠自己的能力、学识、努力而受到老师另眼相看的孩子,能够认识到一个人努力拼搏的重要性吗?能够得到真正的锻炼和成长吗?日后进入社会,面对残酷的竞争,失去了父母的庇护,他拿什么出人头地,活出自己的人生?其实,对于一个老师而言,最想得到的是家长对学校教学的配合和对老师的尊重,也希望得到学生的爱戴和尊敬,就算是收礼,也喜欢收到那些来自孩子的具有纪念意义的礼物,并不见得越贵越好。做老师最不希望看到的是,家长和孩子在学校的时候对老师毕恭毕敬,孩子一毕业就形同路人。

孩子学习好不好、成不成才,有很多的影响因素,孩子的天生资质是一方面,个人的努力是一方面,与家庭的教育环境也有很大的关系。当然,老师的教学很关键,但一定跟给不给老师送礼没有绝对关系。

张老师颁发的小奖品

家长有时候面对孩子确实会无所适从,那么不妨借用一下老师的智慧。老师们面对的孩子很多,见过的情况也多,也接触过许多有智慧的家长,无疑会比家长有更多的宝贵"经验",所以,我们不妨从老师那里借力,让我们的孩子成长得更好。

女儿上五年级后,换了数学老师。新老师姓张,是他们学校非常棒的一位老师,人很干净利落,课讲得幽默风趣。女儿在她的日记里如此描写这位张老师:

在五年级第一学期开学时,我们的数学老师由王老师换成了现在的"幽默大师"——张老师……张老师训人是有技巧的。她训人的时候话都很好玩,没犯错的同学乐得前仰后合,而犯了错的同学却哭笑不得。因为,哭吧,老师批评得太好玩了,哭不出来;笑吧,老师批评的是自己,又没脸笑。每个挨批评的人,都会对这次的"遭遇"谨记不忘,下次一般就不敢再犯同样的错误了。

从女儿的文字里可以看出,她非常喜欢张老师,然而她的数学成绩却很一般,用张老师的话说,那是非常的一般。

一次家长会结束后,张老师把几个数学成绩差的孩子的家长留下来单独谈话,我便是其中之一。

和张老师商讨如何提高孩子们的数学成绩时,张老师出了一个非常好的主意,就是要我们家长买一些小玩意儿,送到她那里,她会在孩子们取得进步的时候,用她自己的方式作为奖励"颁发"给孩子们。我和几位家长都觉得非常好,家长会后立即着手去办这件事。

女儿那一阶段非常迷恋软陶做的各种艺术饰品,我就买了几个小陶人以及软陶发卡等,送到了张老师那里。

过了几天,女儿拿回来一个小陶人,兴奋地告诉我,张老师给她发奖品了。我故作惊讶地问张老师为什么给她发奖品,怎么发的。女儿便说,数学课后,张老师把她叫到办公室里,悄悄拿出那个小陶人,跟她说:"李若辰,你最近数学进步很大,这是老师给你发的一个小小的奖励。老师知道你非常喜欢软陶,特意给你选的这个小人儿,这是咱俩之间的秘密,别的同学并不知道,你可要保密哦。"

女儿给我描述这一切的时候,我能看得出来她心里的激动、得意和骄傲，因为这个小奖品老师只发给她一个人，别的同学并没有得到。在她看来，老师是肯定她的进步才给她这个奖励的。她本来就喜欢张老师，这样一来对张老师的印象更加好了。

一个孩子只有充分喜欢并崇拜老师，学习兴趣才能提升，学习的效果也才能出来。后来，我就看到女儿学数学的时候认真起来了，因为张老师时不时就会悄悄地给她发一个小奖品，为了不辜负老师的厚爱，她要用实际行动报答老师。

过了一段时间以后，我再和张老师沟通，她说明显感觉到女儿上课的时候能够跟她互动了。

张老师不愧是教学有方的好老师，最让我感动的是，她给女儿奖品的时候，是悄悄地背着别的同学，这样既保护了别的孩子的自尊心不受伤害，又充分给予了女儿成就感和自信心，让女儿觉得是因为自己很棒，老师偏爱她，才给她奖励的。

小学生很崇拜老师，会对老师的话言听计从。如果对孩子的行为家长有搞不定的地方，不妨跟老师沟通一下，让老师帮忙解决问题。往往老师的一句话，就会起到非常神奇的作用。

女儿上幼儿园时我们经历的一件事，也充分证明了老师们的智慧，而且这种方法也可以用在小学低年级的小朋友身上。

女儿小时候喜欢和爸爸妈妈挤一张床睡觉，而且晚上不爱早睡，有时候都要熬到11点多才睡觉，早晨起床的时候就很难起来，关键是总是睡眠不足，对她的成长不利。可是我好说歹说，也用尽了办法，女儿就是不肯早睡，为此我很苦恼。

于是，我想到了幼儿园的老师。女儿当时非常迷恋她的班主任杨老师，时常管杨老师叫"杨妈妈"，杨老师说的话对她来说几乎就是圣旨。我给杨老师写了一封信，把女儿的情况跟她说了说，托她帮我想想办法。

杨老师看到信的当天，就给女儿讲了一个故事。故事的具体内容我忘了，不过，当天晚上，女儿就要求9点钟睡觉，也愿意睡她的小床了，只是要求我一定陪在她旁边等她睡着了再离开。我当时觉得杨老师真是太神了，打心眼里佩服她。

杨老师还给我回信，教了我一个方法，就是让我跟女儿一起画一棵大树。女儿早睡一个晚上，就在大树上画上一个漂亮的果子，或者画一朵美丽的花朵（在树上画什么，要让女儿做选择），并告诉女儿，看看她什么时候可以让这棵大树开满花、结满果子。女儿看着树上不断"开放"的花朵和"结出"的果实，非常高兴，每天晚上甚至还会要求早一些睡觉。

杨老师教的这个方法，收到了非常好的效果，我们坚持了几个月以后，女儿基本上改变了过去晚睡的习惯，作息时间变得规律了许多。

让我觉得非常遗憾的是，当时我们是在电脑上画的这棵大树，没有保存下来，不然，这应该是多么珍贵的一个纪念啊！

树上开花或者结果这种办法，其实跟学校里老师们发给孩子们的小红花是一样的道理，就是让孩子体验到做事的成就感，只是这种办法更加新颖。我想，如果是手绘的一棵树，孩子每做一件值得夸赞的事情，家长和孩子就一起在树上添加"绿叶""红花"或者"果实"，日子长了，孩子看着日渐繁茂的大树，想着自己曾经做过的那些事情，内心该有多么自豪！为了大树更加茂盛，他一定会努力做得更好。如此，孩子会越来越自信，也会把事情做得越来越好。

  对于家长来说，和孩子一起做这件事情，每天记录的都是孩子做得好的事情，也会从内心欣赏孩子，用欣赏的眼光看孩子的时候，就会更加喜欢孩子，对孩子的爱便会升华。那么，亲子关系就会越来越和谐，而和谐的亲子关系正是教育孩子的前提。

现代版"孟母三迁"

无论是城市里因为择校出现的"孟母"们,还是农村撤点并校产生的"陪读家长",都是无奈的,他们是因为爱自己的孩子才选择搬家。归根结底,这都要归结于教育资源的不均衡。

我们刚到北京的时候,住在清华大学西北门外的一个小四合院里,院子里算上房东共住了5户人家,房东是50多岁的夫妻俩。每天房东太太都在院子里转来转去,像个巡视官似的盯着住在这个院子里的每个人的动静。

我们住的是一间7平方米的小屋子,紧挨着院门。房东为了方便大家放自行车,就在大门跟我们住的屋子中间搭了个车棚,这样一来,我们住的屋子一天到晚都看不到太阳,又黑又潮,即便大白天在屋子里都不能看书,夏天必须经常用拖把拖地,否则地上就会渗出一颗颗的水珠。

我跟先生也没有太多家具，屋子里一床一桌一箱，早出晚归地工作，那小屋就是我们爱的小巢，过得倒也自在，其乐融融。

可是，当我们把女儿接到北京的时候，女儿有些受不了。她在老家住的是大房子、大院子，一下子来到这个像天井一样的小院子，住在一个鸽子窝一样的小屋子里，没有她认识的小伙伴，没有人听得懂她说的话。初来乍到，她没有看到爷爷奶奶在电视里指给她看的天安门，也没有看到爷爷奶奶告诉她的北京动物园的大象、老虎……记得我们风尘仆仆地把女儿带到那个小院子里，她就瞪着眼睛惊恐地跟我说："妈妈，咱们什么时候把家搬到这儿的？我不喜欢这儿。"

前几天还好，女儿还有新奇感，白天上幼儿园也很高兴，但一回到我们那个"家"，她就好像很烦的样子。后来，"火山"终于爆发了。

有一天晚上，女儿睡到半夜忽然大哭不止，怎么哄也不管用，嘴里还一个劲地嚷嚷着要回老家，不要住在这里。为了不打扰邻居休息，我们拿出了孩子所有的玩具和零食让她挑，才勉强止住了哭。这时候我听到隔壁的一个妈妈跟我说："小刘，让你家孩子不要再哭了，婷婷明天还要上学呢。"

我诚惶诚恐，再也不敢让孩子自己睡，就坐在床上抱着她，让她在我怀里睡了一夜，但是女儿总是在梦中惊醒，小声地哭泣。

第二天早上我起床后第一个见到的就是隔壁的那位妈妈，赶紧向她道歉,说晚上打搅了她们休息非常不好意思,她不冷不热地说了句"没事"。

我记得清清楚楚,那是一个星期三的早晨,先生一起床就匆匆上班去了,我叫醒了女儿,帮她收拾利落,准备送她去幼儿园。就在我锁门的时候,我听到背后有人说:"小刘,你们搬家吧!"我顿时觉得脊背冷飕飕的。那是房东太太的声音。我转过身看到她正狠狠地盯着我。

我猜想她要我们搬家的原因是女儿晚上哭闹,一边赶紧笑着说:"对不起,阿姨,以后我一定不让她哭了。"一边对站在脚边的孩子说:"宝贝你看看,都是因为你,奶奶要咱们搬家了,以后可不能在晚上哭闹哦。"说这话是希望她能看在孩子不懂事的分上放我们一马,不要逼着我们搬家。

"我跟你说真的,今儿星期三,给你们三天时间找房子,星期六你们必须搬,要不然别的街坊就要搬走了。你家孩子这样闹,以后谁还敢来我们家住!"

听到这里,我知道没有挽回的余地了,但还是赔笑跟她说:"好吧,我们明天就找,找到了就搬走。"

"告诉你,别慢慢找啊,你们必须在星期六搬家!到时候不走,可不要怪我不客气。"房东太太的声音几近咆哮了,好像我犯了什么不可饶恕的罪行似的。

女儿吓坏了,大眼睛一会儿看看我,一会儿看看房东太太,她怎么也不明白到底发生了什么事情,只紧紧地拽了我的衣襟,直往我身后躲。

我没有再说什么，把女儿送到幼儿园然后去上班，我没有把家里的变故告诉先生，希望在他下午回来的时候，房东太太会改变主意，留我们住下来。

晚上回到家，我做了饭，心想先让先生吃完饭，再跟他商量找房子的事情。饭端上桌，坐在床沿上的先生刚刚拿起筷子，房东太太就进来了，冲着我先生就说："你们星期六搬家啊，今天吃了饭你赶紧去找房子！"

先生丈二和尚摸不着头脑，连忙赔着笑脸不知说什么好。

"今天一早你们隔壁的××就告诉我，你们家闺女吵得人家一夜没有睡好觉，你们不搬人家就要搬走了。我看只有你们搬了，要不然别人来了也会被你们吵走的。你们一定要快点搬，这个星期六你们就走，不要给我磨磨蹭蹭的！"然后她气呼呼地出去了。

就在那个星期六之前，我们在一零一中学一道门内找到一个很大的院子，足有几亩地，也住了好几家人。为了不再打搅别人，我们租了那个院子最西南角的一间小房子。

于是，在女儿来到北京不到20天的时候，我们经历了在北京的第一次搬家。搬家的那天，下着毛毛雨，房东太太让房东先生用三轮车把我们送到新家，而且说啥也不肯要车钱。

人心总是柔软的。现在想来，房东太太肯定觉得让我们搬家有些过意不去，只是迫于生计，经过权衡以后觉得只有我们一家搬家，她家的房子才容易租出去。

为了让孩子能有个好的教育环境，我们非常想住在清华或者北大附近，然而我们的经济条件又不允许租住附近的楼房，只好住大杂院里便宜的平房，所以才有了被房东赶出院子的经历。每每想起这次经历，我总是不由自主地联想到电影《原乡人》的镜头，不过，我们生得逢时，比电影中主人公的结局好得多。

后来我们选的那个大院子的房东人不错，院里邻居相处也很融洽，所以女儿上幼儿园期间，我们的住房条件虽然依然很差，女儿却度过了快乐的三年时光。

几年的奋斗，使我们的物质条件渐渐好了起来。为了给女儿创造更好的学习环境，女儿一上小学，我们便租房住进了清华校园的楼房。六年，出于这样那样的原因，我们也搬了三次家。因为租房，我们上过房托儿的当，被白白骗去几百元的中介费；也曾经预付上万元的房租，却不能搬进屋子去住，最后才明白是被骗了。不过，无论遭遇怎样的情况，我们都遵守一个原则，不离开清华校园，目的就是让女儿在清华校园里接受中国最高学府的文化气息的熏陶。

后来朋友们都把我们家在北京搬来搬去的经历叫作现代版的"孟母三迁"。

我们那时候搬来搬去似乎还情有可原，因为是租房住，不如就租在离孩子学校近并对孩子成长有利的地方。而现在许多自己有房住的父母，为了孩子就学方便，也在孩子的学校附近租住房子。这些孩子多半是择校的，因为学校离家远，路上又越来越堵，很多时间都浪费在路上了，很难保证学习和睡眠时间。为了孩子的健康成长，家长不得不把自己家的房子闲置，而花钱租住别人家的房子。也有些家长把自己家的房子出租给别人，用赚得的钱到孩子学校附近租房子。

我的一个朋友就是这样。孩子上小学的时候，他们住在北京昌平区的回龙观，孩子上初中进了海淀区的清华附中，她便把自己家的房子租出去，一家人租住了一套孩子学校附近的房子。孩子上高中又去了西城区的四中，他们一家又在四中周围租了一套很小的房子，虽然远远不如自己家的房子那么宽敞、舒服，但是为了孩子，他们不得不委屈自己。

真是可怜天下父母心啊！

城市里是这样，农村又何尝不是如此呢？由于撤点并校，许多村子里没有了小学，很小的孩子都要远行几里甚至十几里路到村子外面去上学。家长们为了照顾孩子，也在学校所在地的村子里租起房子，做了陪读家长，目的就是为了减少孩子远途上学的辛苦以及避免路上可能遇到的安全问题。

我的家乡在晋南的农村，我小时候上学的村小就被撤掉了，如今村里满六岁的学龄儿童都要到十里以外的另一个村子去上学。从我们村到那个村子要经过一条河，过河后还有足足五里路的公路。夏天雨季，河里经常会发大水，家长们要把孩子们背着送过河；公路上车水马龙，而且有许多拉煤的载重汽车，几岁的小孩子走在路上让人胆战心惊。为了克服这些困难，一到农闲时候，父母不得不租住房子，为孩子就学提供保障。而农村条件差，虽然房租很低，也还是有很多孩子因为家里租不起房而辍学，女孩子的辍学比例更大。所以，农村里很多孩子被迫失去了读书识字、增长学识的机会。

后记

自然而然的养育

我的"陪伴教育"系列图书出版时间已经超过了10年,我的女儿以及跟她一起成长的小伙伴们都已经长大,很多也成家立业了。这些孩子怎么样了呢?我想这也是许多读者关心的问题。

我的女儿北大毕业后接受国家公派出国留学两年,归国后成为一名高中老师。我特别欣赏她有很强的社会责任感和使命感,因为她原本可以选择收入更高的工作,但她觉得要把在国外学到的知识用在最需要的地方。她认为中小学教育才是最需要人才的地方,所以毅然投身教育行业,而且很热爱这份工作。

女儿小学时有过当画家的梦想,中学时则想要开一家动物收容所，而如今为人师表，改变就那么发生了。我和先生对她也曾有过不同的期待，但女儿的发展并不以我们的意志为转移。

跟女儿一起长大的很多孩子的发展路径也是同样，就算不少父母在孩子小时候做了很多努力，希望孩子成为自己期待的样子，最终孩子还是遵从了自己内心的渴望，选择了自己的选择，甚至有的孩子成年后的发展跟父母当年的期待差了十万八千里。

如今，无论从一个"过来人"的家长视角来看待，还是从常年跟"问题孩子"打交道的教育工作者视角来看待，我都越发觉得养育孩子应该遵循一个原则：尊重和顺应孩子的天性，在此基础上帮助孩子成为最好的他自己。

正如著名诗人纪伯伦在《论孩子》中所说：

你们的孩子并不是你们的，
而是"生命"对自身的渴望所生的儿女。
他们借你们来到世上，却并非来自你们，
他们虽与你们一起生活，却并不属于你们。
你们可把爱给予他们，却不能给予他们以思想。
因为他们有他们的思想。

家长过分干预或者控制孩子的成长，往往会出现出力不讨好、孩子也成长得不好的问题。我亲眼看着有的孩子小时候活泼可爱，被家长各种设计和安排后，愣是被"不辞辛劳"地养成了要么进医院的"躺平孩子"，要么进监狱的"少年罪犯"。每每看到这样的情况，我都感觉非常痛心，觉得作为教育者的成年人肩上的责任重大。

而那种尊重和顺应孩子成长的家庭又会出现怎样的情况呢？

我看着长大的一个男孩子，中小学的时候学习成绩很一般，考上的也是个普通大学，但现在三十出头发展得非常好。这个孩子大学毕业后上了几年班就开始创业，他很有想法且努力，还特别有创造力，事业做得有声有色，生活也打理得有滋有味，属于那种年轻有为并能享受生活的人，着实让人喜欢。

这个孩子的父母我很熟悉，他们家的养育方式我也清楚。当年，在儿子学习成绩一般的情况下，他们并没有焦虑考试结果，而是把焦点放在孩子有没有把知识学会上。如果孩子没有学会，爸爸会负责把孩子教会，然后就可以了。因此，他们家没有因为孩子学习不好而鸡飞狗跳，反而亲子关系特别和谐。我经常看到一家三口一起散步、谈笑风生的画面，而且他们的谈话内容不拘一格。从爸爸的生意到姥姥姥爷的养老问题，爸爸妈妈都会跟孩子谈论。小的时候，儿子拉着妈妈的手，长到青春期的时候，妈妈则挽着儿子的胳膊。

当家长们在一起谈论孩子们的学习成绩时，男孩子的妈妈总是会笑着说："我儿子学习成绩太一般了，他一点都不像我们两个学霸。"这个妈妈说这话的时候非常自然，没有不好意思或尴尬。他们并没有给儿子报什么课外补习班，而是允许孩子做一个"差生"。能够如此淡定，基于父母打心底就认为这样的儿子并不是真的差。抛开学习，这位妈妈总是对儿子充满了赞赏，她经常举例儿子在哪些事情上有自己的想法。妈妈的语气是这样的："我儿子特别有想法，我相信他。"直到今天，妈妈说起儿子的时候依然会用这样的表达。

这个家庭对孩子的养育，用一个词来描述就是"自然而然"。父母只是营造了一个空间，孩子在其中自然而然地成长，父母看似没有做什么，实际上他们给的是最能滋养孩子生命的养分，那就是对孩子的接纳、允许和无条件的爱和支持，让孩子体验到生而为人的强烈归属感和价值感。所以这个孩子虽然学习成绩不是很出色，却没有沉迷于游戏世界，而是课余时间帮家里做些力所能及的事情，对生活在一起的姥姥姥爷很孝顺体贴，也热爱运动和读书。上学的时候学习成绩不显山露水，如今不仅事业做得不错，还写得一手好文章，情感也很细腻。

这个孩子的成长过程之所以如此轻松自然，我觉得跟家长本身的自洽也有很大关系，尤其是妈妈的状态。用如今时髦的话讲便是这位妈妈的状态很松弛。

这位妈妈是一个真实的人。她在先生和孩子面前，喜怒哀乐都如实表达，而不是压抑情绪。如果孩子惹她不高兴，她会直接告知她的感受。她有时候也会耍点小脾气，耍了就耍了，重要的是，她不会为此而自责。如果想让先生和孩子为她做什么，也会直接说出来，而不是等着他们去猜。

这一难能可贵的真实，实现的是内在体验与外在表现的和谐一致，实现的是心的自由。因为妈妈有这样的体验，便能够允许孩子也真实地做自己，包括孩子接纳学习成绩不太好，因为在她那里这是非常自然的事情。当一个孩子被允许"如是"地做自己，就算他有时候会失败，也不会自我贬低，从而能够跟最本质、最纯粹的生命能量建立联结，呈现自信的状态。自信的人，内心对自己的各方面是比较笃定的，更容易为自己负责任，也会更加灵活。这个男孩子后来的发展正好印证了这一点。

这位妈妈的自洽还表现在她看待事情总是可以看到积极的那一面，这让她常常处于很有热情的状态中。她的工作很忙碌，也经常会遇到挑战，但我观察到她很少有抱怨，而是勇敢地接受和面对，就算有时候过不去，也能接受现状。作为朋友，我常常被她的状态所感染，不知不觉地就会跟随她调整心态。她的人生态度和做事风格自然能影响到儿子，所以儿子也成为乐观自信的人。

另外一个方面，虽然是老生常谈了，我还是想要提出来。这一家爸爸妈妈的夫妻关系也是惹人羡慕的。在我和这位妈妈聊的家长里短里，她先生也是话题之一。她对先生的欣赏和感谢溢于言表，在先生面前她也从不吝啬表达自己的幸运和幸福。他们每五年的结婚纪念日都会隆重地举办庆祝仪式，互诉衷情。我记得她的vlog（视频网络日志）有一个主题就叫"很幸运，我有个我们"，观后很受感染。

有人说，好的夫妻关系是送给孩子一生的礼物。父母关系首先是孩子成长的情境，父母关系的好坏影响着孩子的安全感。同时，父母之间的相处也是孩子学习人际交往的最好课堂。我觉得这对父母的关系正是孩子勇敢闯世界的底气，因为在他童年的时候就从父母身上获得了对外在世界的充分信任，所以无论是做事还是与人打交道都没有恐惧，不怕挫折和失败，于是越来越好。

在"陪伴教育"系列图书修订再版之际，我讲这个家庭故事是想要告诉大家，养育是自然而然的事情，因为孩子的生命本自具足，而且是全方位的，无论家长如何养育，孩子总归会长大。但要让孩子成长为自信、有责任感、灵活又有创造力的人，前提是家长要营造一个接纳的、有爱的、舒适的养育环境，给孩子提供必要的支持。而家长之间的和谐与松弛又是前提的前提。

就在这篇文字写到这里的时候，我看到一则新闻，讲述的是广东揭阳一个7岁小女孩从小喜欢舞狮，5岁开始父亲就给她购买了狮子服装，有空就教她。就在大年初一，爸爸击鼓伴奏，小女孩又一个人在自家开的小卖铺门口舞狮，结果被刚刚表演结束的舞狮队看到，当下乐师们停车为小女孩伴奏助威。结果小女孩上了热搜，甚至上了湖南卫视的元宵节晚会。舞狮队也公开表示，只要小女孩喜欢，舞狮队的大门会为她敞开。小女孩的舞狮梦就此被照亮。

试想，如果小女孩的父母觉得喜欢舞狮是不务正业，非要让她每天只学习和刷题，不给小女孩提供支持，哪里能有被发现的机会？也许小女孩的梦想终生都会被埋没。

心理学家马斯洛的需求理论中提到，人的最高需求便是自我实现。也就是说，一个人只有遵从自己的内心，实现了自我价值，才能感受到生命的意义，体验到发自内心的幸福感。如果家长明白这一点，在陪伴孩子成长的过程中，把注意力放在对孩子生命的好奇、了解和支持上，滋养孩子的生命状态，他自己就能找到可以焕发生命力量的方向，并通过努力实现他的自我价值。这是自然而然的养育，也是轻松的养育，因为家长和孩子各安其好，做了自己分内的事情。

愿天下的父母都能怀抱一颗好奇和谦卑之心，营造温暖开放的空间支持孩子发展；愿天下的孩子都能够得偿所愿，成为最好的自己！

刘称莲
2024年2月于北京